吉田綱富
水野道子［訳］

七月社

現代語訳

童子百物かたり

東北・米沢の怪異譚

［カバー図版］歌川国芳画／錦絵（源頼光と渡辺綱による大江山での酒呑童子退治、吉田家旧蔵）
［扉図版］藤崎紋蔵妻（吉田綱富三女）画／掛軸（綱富九十一歳の肖像、市立米沢図書館蔵）

はじめに

『童子百物かたり』は、江戸時代後期の天保十二年（一八四二）、米沢藩士の吉田綱富《つなとみ》が糠山《こうざん》という雅号で、八十六歳のときに著したものです（年齢は数え年、以下同じ）。

この『童子百物かたり』という題名にひかれ、どんな話が載っているのだろうと思いますね。

話の内容は、「酒呑童子」など知られた話もありますが、著者が身近で聞いたり、体験したりした不思議な話や怪異な話が多く収められています。それらの多くの話には、いつ頃・だれから・どんな時に聞いたかなども記されており、当時の様子や生活もうかがい知ることができ、歴史的にも民俗的にも面白い資料です。

話の数は、百話ありそうですが、五十話しかありません。目次の「上終」の後に、「下五十章未出来」と記されています。きっと高齢のため下巻は書かれなかったのだと思われます。

作者の糠山は、序で、孫や曾孫《ひまご》たちがじじばばになり、次の世代の孫や曾孫たちに昔話をしてやるときの種にもなればと、この書を著したと記しています。そのせいか、子どもが読むには難しく、おとなが読む本となっています。

そのため、このたび、現代語訳に取りかかりましたが、難しい言葉や事柄が多く、やはりおとな（中高生以上）が対象の本となりました。それでも、興味がひかれる話も多いので、お子さんにも読んで聞かせてあげていただければと思います。


ここで、作者について知っていただけると、物語の背景などがわかるのではないかと思い、紹介いたします。

この『童子百物かたり』の作者の吉田糠山は、私の実家・吉田家の、私から六代前の先祖にあたります。本名は、吉田綱富（はじめ作弥《さくや》、のちに改名）、俳諧をしていたこともあり、糠山という雅号を使っていました。ここからは、綱富で通します。

綱富がいつの時代の人か一番わかりやすい事柄は、米沢藩主の上杉鷹山《ようざん》公（一七四六〜一八二二）が隠居されて住まわれた三の丸御殿の御台所頭《おだいどころがしら》としてお仕えしていたということです。そのような事柄は、綱富自身が著した『綱富一代記―勤書・其外諸雑記―』にいろいろ記されています。

「宝暦《ほうれき》六丙子《ひのえね》年　子《ね》ノ月十一月也　子ノ日何日と云を失念、子ノ日と父母申聞也　子ノ刻夜九時出生　藤助次男　吉田作弥　綱富　初名留之助」とあり、父母からは、子の日と聞かされたが、何日というのを失念したということが記されています。つまり、綱富は宝暦六年（一七五六）十一月の子の日、夜中十二時誕生ということになります。年月日時刻がすべて「子《ね》」ということで、驚きです。

綱富は、米沢藩の猪苗代組という下級藩士の家に生まれ、若いころは、番所勤めや籾《もみ》代官所勤めなどで苦労しましたが、寛政二年（一七九〇）、役所日記方に取り立てられました。能筆・学識が認められたと思われます。

翌年には、藩校興譲館《こうじようかん》の学館役方に任じられますが、この『童子百物かたり』にも、「十八　吉田、学館より帰る途中で、異相の野郎を見ること」の中に、「私が、学館主財をしていたころ、寛政四年十月のころ」との記述がみられます。

寛政五年（一七九三）に奉行付物書《ぶぎようづきものかき》、それから改所役方《あらためどころやくかた》、郡割所総頭取《ぐんわりどころそうとうどり》と兼務で役所役などを歴任していきます。その間、蝦夷《えぞ》松前《まつまえ》騒動があったときには、御備《おそな》えと取調べの御用掛《ごようがかり》を仰せ付けられ、河原堤防の決壊のときには、川除け作業の御用掛、新しく建てる追手《おうて》大門の普請御用掛などを仰せ付けられています。

長年の功績が認められ、文政三年（一八二〇）六十五歳の時に、「其身一代限り御馬廻《おうままわり》組」に召し入れられて、中級家臣の仲間入りをしますが、先に述べたように、当時上杉鷹山公が隠居されてお住まいになられていた三の丸御殿の御台所頭を仰せ付けられます。鷹山公の御遠馬にお供してご案内したことや鶴千代様（十三代斉憲《なりのり》公）誕生にお祝いの産着をさしあげるお使いの役を仰せ付けられたことなども『綱富一代記』に記されています。

鷹山公が文政五年（一八二二）に亡くなられるまでお仕えし、その後、三の丸御殿の御屋敷の将として分家の駿河守《するがのかみ》様にお仕えします。

御屋敷の将として御勤めしていた時には、若殿様（斉憲公）が本殿からよく遊びにみえられたので、御庭をご案内したり、あけび採りにご案内したりと、孫に接するように、お仕えしています。

また、鷹山公の祥月命日には、鷹山公を偲んで、毎年季節の花を持って御廟へお参りに出かけています。

文政八年（一八二五）七十歳の時と、文政十一年（一八二八）七十三歳の時に隠居願いを出しますが、いずれも受理されませんでした。七十三歳の時には、「耳は遠くなっても、病身でもなく、御屋敷回りの世話も行き届いていて、役場の皆々も従い、経済にも心をつくしている。老年で大儀に思うが、一層精を出して仕えるように」と差し留められて、小判一枚をいただいています。

そして、文政十三年（一八三〇）、七十五歳でやっと隠居を認められます。当時の社会で、七十五歳まで現役で働いていたというのも大変なことだと思います。隠居してからは、文筆にいそしみ、長寿を保ち、嘉永二年（一八四九）に九十四歳で亡くなりました。

綱富には、二十五、六歳からの日記二十五冊をはじめ、いろいろな著作物や書留が残されています。

七十歳で隠居願いを出したころの心鏡を蛙との問答に託した随筆『蛙之立願』（文政八年）、隠居してからはとくに文筆活動が盛んだったようで、俳諧もよくし、『玉あられ』（天保十年・八十四歳）、『米の春』（弘化元年・八十九歳）などの俳諧集、八十六歳の天保十二年正月に『猪苗代町古来屋鋪並幷見聞雑記』、同じ年の二月の序があるこの『童子百物かたり』、弘化三年七月の九十一歳までの記載がある『綱富一代記』（最後に別筆で、嘉永二年に九十四歳で病死ということが記されている）などを著したほか、さまざまな書留があります（詳しくは、本書「解説」参照のこと）。

目次

凡例

一、本書は、水野道子編『米沢地方説話集』（伝承文学資料集第九輯、三弥井書店、一九七六年）所収の『童子百物かたり』をもとに現代語訳した。

一、原文は、一文が区切れのない次から次へと展開していく長い文なので、読みやすいように適宜文を区切って訳した。会話等には、適宜「　」を施した。本文中にある著者の原注は、［　］で示した。

一、わかりやすくするために、意訳したところも多いが、原文にある言葉や表記で残しておきたいものは、そのまま表記し、（　）に補足を入れた。説明が必要なものは、一話ごとに注を付した。また、［参考］として、話に関連する資料も一話の後に示した。

一、年号は、（　）に西暦年を併記し、長さ、重さ、時刻などは、現代の単位で（　）に示したが、すべてに記してはいない。

一、参考にした辞書、事典、資料は次のとおりである。
『広辞苑』（岩波書店）、『角川新字源』、『三省堂国語辞典』、『講談社日本語大辞典』、

『江戸語の辞典』（講談社学術文庫）、『日本昔話事典』（弘文堂）、『昔話・伝説小事典』（みずうみ書房）、『日本伝奇伝説大事典』（角川書店）、『随筆辞典』（東京堂出版）、『数え方の辞典』（小学館）、『近世古文書辞典―米沢領―』（国書刊行会）、『米澤市史』、『米沢風土記』（米沢市）、『南陽市史 民俗編』、『南原のあゆみ』（南原郷土史編纂会）、『吉田綱富見聞雑記（米沢市史編集資料・第三号）』（米沢市史編さん委員会）、『謡曲』（校註日本文學大系）、『御伽草子』（日本古典文学大系）、『甲子夜話』（東洋文庫）、吉田綱夫訳註『童子百物かたり』（私家版）、吉田綱夫翻刻『綱富一代記―勤書・其他諸雑記―』（私家版）

そのほかは、本文の注や［参考］で記した。

童子百物かたり

世の中から離れて暮らしている隠居の身では、花をながめたり月を見たりするほかに、勤めというものもないといったらないし、あるといったらあるものである。

冬のこたつにあたっているのにも退屈して、あくびをしていると、「おじじさま、むかしむかしを」と言って孫や曾孫たちがやってくる。「おお」と言って、「むかしむかし、じじは山へ」と言えば、「そんなのは古い古い」と言う。今はじじは川原へ、ばばは山へ柴切りにというふうに、今と昔がひっくり返っているご時世なのだと困っていると、「狐むかしを」と言う。

それならばと、「関興《かんこう》の渡部藤《とう》兵《べ》衛《え》」、「いやいや」、「草の岡おさん狐」、「いやいや」、「法隆墳《ほうりゅうづか》のびっこ狐」「浅川山のおよめ狐」、「それも聞いた聞いた」と言われ、「糠森山《ぬかもりやま》の弥八郎狐《やはちろうぎつね》」と言うのだが、なお考えこんでしまった。

昔、老いぼれもじじばばにせがんだ報いがきて、今孫ら曾孫らにせがまれる。それもまた勤めだからと、幼いときに聞いたあれこれをかいつまんで聞かせれば、夜な夜な詰めかけて、「おじじさま、これ、お茶、これ、お菓子」と言って、「まんじゅうだ、あぶり栗だ」と、紅葉《もみじ》のような手でもって、ご機嫌をとるしおらしさに、八十六歳の翁も終《つい》に孫ら曾孫らの仲間入りをして、二度童子となってしまった。

孫ら曾孫らもじじばばになったならば、また孫ら曾孫らに「むかしむかし」とせがまれるだろう。その時の種にもなればと、明日もわからない老いぼれのはかなさだが、少しずつ書き綴って種をまいておいて『童子百物かたり』と成した。後のじじばばたち、これに増補して語り聞かせなさい。

不都合なところは、筆のせいなので、決して老いぼれをとがめたりはしないでほしい。出放題《でほうだい》（口にまかせて、勝手なことをいう）なので、決して是としてはいけない、また非としてもいけない。

天保十二の春

如月《きさらぎ》十五日の日

蝦蟇亭《がまてい》

八十六耄翁《ぼうおう》

糠山　戯書

上　目録

上　終

下　五十章いまだ出来ず

一　金花山常慶院《きんかざんじょうけいいん》、狐の釜のこと

むかしむかし、金花山常慶院[*1]を再び興した九代目の本悦《ほんえつ》和尚の代の事とのこと。

ある夜、以前から出入りしている糠山[*2]の弥八郎狐《やはちろうぎつね》がひょっこりやってきて、和尚様に、

「私、このたび位を請けに京に上ることになりまして、近日中に出発いたします。それでお頼みしたいのですが、この巻物を留守中お手許においていただきたいのです。たとえどのような者が参ってもお渡しにならないでください。ほかに頼んでおくところもないので、あなた様へお願いする次第です。これはほかには比べようもない大切な巻物です」

と言って、巻物を差し出した。

和尚様は、

「上京するというのは、大変なことですね。上京しなくても、お金を送れば位につけるのでは」

と言うと、弥八郎は、

「位につくこともできますが、吉田の宮様[*3]のご直伝ですので。それは、自分の前に頭《こうべ》を高くしている者はなく、心のままに変化することができて、きっと、犬に出会おうとも、少

しも恐れることはありません。日にちは、六十日余りもかかろうかと思います。そのあいだお頼み申しあげます」

と言って帰っていった。

和尚様は、「あの狐の巻物というのは、これのことであろう」と見もしないで、紙包みのまま傍らにある箱の引き出しに押し込んでおかれた。

それから十日ばかり過ぎると、あちこちから名も知らない人が来て、

「あなた様では、狐の巻物をお持ちとのこと、承っております。一度これを見ると、七難即滅七福即生と聞いております。*4拝見させていただきたい」

と言う。

和尚様は、

「狐の巻物など持ってはいない」

と返事をして、いっさい取り合わないで帰したところ、またも翌日、別人がやってきて、いろいろ言ったのだが、それでもいっさい取り合わないでいると、仕方なく帰っていった。

そうしたある夜、旦那《だんな》市川殿から用人の青野何某《なにがし》が使いとしてやって来て、

「狐の巻物をお預かりとのこと。旦那が聞かれて、珍しい書物なので見たいのでお貸しくださるようにと申されています」

と言う。和尚様は、

「狐の巻物はおまえなどには渡されぬ。巻物を見たいならば、旦那が直接来いと伝えろ」

と言って、いっさい取り合わなかった。

　用人の青野は、

「そのように申されては、あなたのおためにもなりませんでしょう。是非ともお渡しくだされ」

と、いろいろさまざまに言うのだが、和尚様は相手にしないでおられたので、用人はたいへん腹を立てて帰っていった。

　すると、その夜、人びとが寝静まった頃、山門の辺りでどやどやと馬のひづめの音がおびただしく聞こえてきた。戸を荒々しくたたき、

「狐の巻物を見るため、用人をもって申し入れたところ、かれこれ申して渡さず、旦那に対して不届きの申し分、言語道断。もはや住持《じゅうじ》（住職）だとは言わせない。今晩中に僧侶をやめさせるから、早々に寺を明け渡せ。それが嫌なら、狐の巻物をすぐに渡せ。どうだ、どうだ。そのために両竹俣[*5]がいっしょにやってきたのだ。すぐに渡すのならそのままでよい。もし背くならば縛《しば》りあげる」

と言って、庫裏《くり》のまわり、そこかしこの戸窓から、弓だ、鉄砲だと、雨あられに散々に打

ち込んできた。

和尚様は、数珠《じゅず》をつまぐって仏壇に向かって行い澄ましておられた。

僧や下働きの者たちは、狐の巻物を預かっていることなど知らないので、「さては大事件」と、窓の隙間からのぞいてみれば、なんと五六十人ばかりの徒歩《かち》の兵士に見えたので、恐ろしくて声もあげられずに伏していた。

三旦那衆[*6]は、大変怒って、弓や鉄砲で雨のように打ち込んでくる。それでも、和尚様は、何事もないようにしておられる。あれこれと乱暴していたが、夜明けの鶏が鳴きわたると、大旦那の市川はじめ両竹俣は、馬にも乗らずにどやどやと、後も見ずに引き取っていった。

夜が明けてみれば、四方の窓々は萱穂《かやほ》などでさんざんに突き破られていて、鉄砲と聞こえたのは小さな石つぶてで、庭には狐の足跡がとり散らかっていた。

それから和尚様は何やらお札を書いて、山門に貼らせると、その後は怪しいこともなかった。

このことはさておいて、弥八郎が上方から帰ってきて、ある夜、寺へ来て、

「ながながお世話になり、ありがとうございました。留守中変わったことはございませんでしたか」

と言うと、和尚様は、

「それよそれよ、狐の巻物を見せろ見せろと、大勢来たけれど、巻物など預かっていないと言って、格別なことはなかった。それ」

と言って、引き出しから巻物を取り出して、弥八郎に渡された。

　弥八郎は押しいただいて、

「なにかお土産とも思いましたが、私のようなもののことですからそうもいきません。和尚様は前々からお茶を召し上がられていらっしゃるので、幸いにも京都の古道具屋で見つけました釜を買ってまいりました」

と言って、古物の釜をさし出した。

　和尚様はたいへん喜んで、

「これはこれは、ご親切に。で、これの蓋《ふた》は」

と聞かれた。弥八郎は、

「蓋には少しも気づかずに買ってきてしまいました」

と言うと、和尚様は、

「遠いところをご苦労ご苦労、過分過分（ありがたい、ありがたい）」

と礼を言われた。そして、弥八郎はあの巻物を嬉しそうにしまって、別れを言って帰っていった。

それから、あとで、釜をよく洗わせて、お湯を沸《わ》かしてみれば、茶の湯釜らしく、森にさそう松風の音から、そして魚の目玉のような沸々《ふつふつ》という沸き出しから、鯨《くじら》の波のような沸き上がりまで間違いなく古い湯釜とみえ、いろいろのお茶にも水にも合うので、和尚はたいへん大事にしておられた。

またある夜、弥八郎がやって来て、

「あの釜をお試しになられましたか」

と言うと、和尚様は、

「類《たぐい》まれな古物で、いろいろな種類のお茶にも合って、たいへん愛用しておる」

と言われた。弥八郎はとても喜んで、

「私としてもたいへん嬉しいです。あの釜で、飯または粥《かゆ》を炊いて、疫病《えきびょう》や瘧《おこり》（マラリアなどの間歇熱《かんけつねつ》）などの病人に与えると、たちまちに全快し、たとえ長引いたとしても、決して間違いのない、古い神器《じんぎ》で神妙奇特（不思議な珍しい）の釜です。その験《しるし》には、湯を沸かせば、泡がたちこぼれません。このことがすなわち、ふつうの釜ではなく、神器のしるしでございます。もしも疫病が流行《はや》ったならば、この釜でお供えを炊いて、お救いになられたらよいでしょう」

と申し上げると、和尚様は、

「だれか来て、望むならやることにしよう」

と言われた。弥八郎は、

「ながながお世話になりました。お礼に一夕《いっせき》ご招待いたし、霊鷲山《れいしゆうざん》で釈迦如来《しやかにょらい》のご説法の様子をご覧にいれましょう。いついつの夜にお迎えに上がります」

と約束して帰っていった。

さてその夜になると、暮れ過ぎの五つ時分（午後八時頃）に、弥八郎がお迎えとしてやってきた。和尚様は沐浴《もくよく》して、普段着の衣で、弥八郎の案内にしたがって、糠森山の頂上へ登られた。その頃は、糠森山は毛無し山で、木が生えたのは近年になってからとのことである。

弥八郎が言うのには、

「これは幻法《げんぽう》ですので、決して尊いとお思いにならないでください。もしご信仰なされましたならば、幻法を行うことができません。ただただ弥八郎の狂言だとお思いになられて、鐘の音を合図にお目をお開きになってください」と。

和尚様は山の頂上に西に向かって座り、数珠をつまぐって目を閉じておられた。

しばらくして鐃鈸《にようはち》（仏教での楽器）の音がしきりに聞こえてきたので、和尚様は目を開いて見られると、広々とした大きな山が出来ていて、中段に釈迦如来がいらっしゃって、御子《みこ》のラコラ尊者をはじめとして、アナン、カショウ、アシュラ、カルラ、キナラ、マコラ、その外たくさんのお弟子たちが、すきまなく並んでおられ、壇上には万燈《まんどう》のとぼし火、霊香《れいこう》が芬々《ふんぷん》と香り立ち、虚空《こくう》に花がふり、音楽が聞こえ、半鐘の音が響きわたれば、たくさんのお弟子たちが一斉に立って九拝《きゅうはい》が始まり、釈尊《しゃくそん》も合掌していらっしゃる。そして九拝も終わり、座が静まると、釈尊は払子《ほっす》を払われて、大きな声で普門品《ふもんぼん》というお経を説かれた。

和尚様はあまりのありがたさに、我を忘れて信心をこめて、頭《こうべ》をたれて感涙がしきりに流れて合掌して、「南無」と唱えられた。

と、不思議や、突然紫雲たなびいて来て、釈尊は雲の中へ飛び入られた。すると、たくさんのお弟子どもも一緒に雲に隠れて消えてしまわれた。

その時、一陣の風がさっと吹いてきて、万燈が一時に消えてまったくの闇となり、霊鷲山と見えたのもたちまち崩れて、元の野原となってしまった。

和尚様は、怪しい気持ちがしてぼんやりしていると、突然弥八郎狐が現れて、

「さてさて、残念なことでございます」

と言う。和尚様は、

「残念なことだ。もう一度出来ないだろうか」

と申されると、弥八郎は、

「すべて怪し気なことは、徳を積まれた人の前では出来ないものです。もはや夜も更けました。御下山なされまし」

と先に立つ。

　鳥の八声《やごえ》（夜の明け方に鳴く鶏《とり》の声）もほのかに聞こえて明けわたれば、やもめ烏《がらす》が鳴きわたり、木の葉の露もはらはらと、裾《すそ》も袂《たもと》も道端の野萩《のはぎ》の露にぬれて、しょぼしょぼとして新町《しんまち》へ出られると、朝起きの人が、

「和尚様、どちらへ」

とたずねる。

「それが、それが、ゆうべは狐に化かされて」

と言って、すごすごと寺へ帰られたということである。

　この和尚様は、雨乞いに優れた力をもっていた。大日照りで、原方の人々がたばこを植えられずにいる時に、雨乞いを頼むと、和尚様は何か秘文《ひもん》を書いて、庭の池に投げ入れられる。すると、たちまちに夕立雲が起きて、ほどよく雨が降ったということである。

　この和尚様の代には、主水町《もんどまち》の大家《たいけ》方へ仏事で行かれるときは、駕籠《かご》で行かれて、終に

歩いて行かれることはなかったという。この本悦和尚は、市川殿から出た僧とのことで、申し伝えである。

一

何代後の和尚であったか、その和尚は大酒飲みで、財産を使い果たして　貧乏でこまっていた。いろいろな器物はもちろん、戸やふすま障子などの建具までも売り払ってしまった。

ある時、河井小路《かわいこうじ》の古金屋《ふるがねや》の五郎助がやって来て、

「是非あの狐の釜を売ってください」

と強く言った。すると、和尚が、

「これは、由緒ある什物《じゅうもつ》なので、売ってしまうことはできない。しばらくのあいだ質入れにしてあげよう」

と言ったので、五郎助は五百文で質物にして家へ帰った。

帰ってから店に置いたところ、その夜よりいろいろと怪しいことがおこるようになった。

毎晩狐がやってきて、

「釜を返せ、釜を返せ」

と言う。ある夜、店でなにやら物音がするので、手燭《てしょく》（長柄のついたろうそく立て）でよく見ると、あの釜がひとりでに踊っていたのである。

　家の者たちがとても恐がったので、五郎助は翌日早朝に家を出て、寺へ釜を返しに行った。和尚が、

「代銭（代金）の五百文はもちろん、一銭もない」

と言われると、五郎助は、

「代銭どころではございません」

と言って、そのまま釜を置いて帰ってしまった。それからは五郎助の家では怪しいことはなかったということである。

　この寺に以前盗人が入ったことがあったという。鍋釜などは取っていったそうだが、この釜ばかりは盗んでいくことができなかったのか、盗人は、庭まで盗み出して、庭に投げ捨てておいてあったという。老人衆の申し伝えである。

二

　右の狐の釜についてであるが、先年、下長井高玉村《たかだまむら》あたりで疫病が大流行で、家ごとに三四人ずつ倒れ臥して、その内、死ぬ人もたくさんあった。そのとき、瑞龍院[*7]がこの釜を

借りてきて、供御《くご》を炊き、疫病退治の祈禱《きとう》をして、炊いたお供えを病人に食べさせたところ、その効き目はいちじるしかった。そのため下長井中の参詣人が群衆した。このお供えをいただいた者の家では、病が悪くなることはなく、たとえ長引くことがあってもみな全快したという。

瑞龍院は、常慶院の本寺であるから、糠森山の弥八郎狐の子孫が、今は瑞龍院の狐と同居しているなどという申し伝えもある。

先年、疫病が流行した時、主水町の大家方から用人を遣わされて、常慶院でこの釜で飯を炊いて施されたことがあった。

三

寛政（一七八九〜一八〇一）年中、鉄門和尚の代に、江戸の古道具屋の三ツ星何某が寺嶋権兵衛のところに宿泊した。数日逗留しているとき、この釜を目利き（鑑定）に出したところ、三ツ星、よくよく見て、

「茶の湯釜とも決めがたく、またどこの産物とも決めがたく、鉄の模様は近代の物とは見えず、五百年と申す以上の鉄なのか、神器に用いたものでもあるのか。古い物には違いないが、自分には判定できない古物です」

と言う。

「値段はどのくらいになりますか」

とたずねると、三ツ星は、

「好んで求めるときは、百両とも二百両ともなるでしょう。また、無用だとして売り払うときには一両とも一分ともなるでしょう。こういう物には、値段の定まりがないものなのです。何にしても古いものですから、秘蔵しておかれなさい」

と申したとのこと。

　鉄門和尚の直談のことだということである。

　もっとも、什物など売り払うような和尚ではなく、近代勝れた道徳をもった和尚である。この狐の釜には、まれには怪異なこともあるとのこと。


　右の「弥八郎むかし」は、わたし（糠山）が七八歳のころ祖父母にむかし話をせがんだとき、この釜の由来を語り聞かせてくれたあれこれを、不十分ながら覚えていたまま、今、孫たちに「お祖父さま、狐むかしむかし」とせがまれて書き綴ったのである。牌寺《はいじ》（菩提寺）なので、老人たちもよく聞き伝えていて、「これは、本悦和尚の代のこと」と話していた。

糠森山には、今でも狐の穴が数多くある。弥八郎の子孫の狐といっても、昔のように怪しげなこともなく、また人も油断がないのか、たぶらかされた者の話も聞かない。弥八郎の子孫、あるいは衰えたのかもしれない。

＊1 **金花山常慶院**《きんかざんじょうけいいん》　山形県米沢市南原横堀町にある曹洞宗の寺。上杉藩侍組の市川家と竹俣家の菩提寺。

＊2 **糠山**《ぬかやま》　常慶院から南南西に六五〇メートルのところにあった小さな山。今は切り崩されてない。

＊3 **吉田の宮様**　室町末期に京都吉田神社の神官吉田兼倶《かねとも》の創唱した吉田神道のこと。江戸期には、神職の位階を授ける権限を与えられ、全国の神社・神職を勢力下に収めた神道の家元。

＊4 **七難即滅七福即生**《しちなんそくめつしちふくそくしょう》　七種の災禍は即座に滅び、七種の福は即座に生まれる。

＊5 **両竹俣**《たけのまた》　上杉藩侍組の竹俣には二家あって、一家は千石、一家は六百石。千石の竹俣は、奉行職（他藩では家老職）に就ける家柄。

＊6 **三旦那衆**　三檀家衆のことで、市川家と両竹俣家。

＊7 **瑞龍院**《ずいりゅういん》　山形県西置賜郡白鷹町《にしおきたまぐんしらたかまち》高玉にある。曹洞宗。

［参考］常慶院蔵の『金花山狐之釜縁記』にはこの話が書き写されている（水野道子「常慶院蔵『金花山狐之釜縁記』」『伝承文学研究』第十六号、一九七四年七月）。

長沼牛翁『牛の涎』第二冊七巻「常慶院」。小越春渓『怪譚雨夜の伽』巻之一「糠山の狐」。

二　高玉村瑞龍院《たかだまむらずいりゅういん》、狐のこと

文化（一八〇四〜一八一八）年中のことである。成田村佐々木卯右衛門、同じく太左衛門、同じく義蔵、修験行蔵院《しゅげんこうぞういん》等が、親切の申し立てで行った、学館*1の御備《おそな》えとしての、寺泉御《お》林地《はやしち》の開発と桑の御植え立てが終わったということで、見分として八月半ば頃、神保督学*2、六老*3登坂作左衛門、山林方役頭《さんりんかたやくがしら》若林宗左衛門と私も同道して、卯右衛門の所に一宿して、翌日寺泉の桑畑を見分し、右の申立人ならびに世話人たちへ御酒《ごしゅ》をくだされて、終わった。

督学は成田の宿へ帰られ、六老と山林方役頭と私は、山口村姫城《ひめじょう》の御林見分として出かけた。道筋高玉村瑞龍院の門前を通ったので、この寺でたばこでも一服しようと皆で立ち寄った。

そのとき住持《じゅうじ》（住職）は留守で、歳三十ばかりの長老がいて客殿前へ案内してくれた。それぞれが縁に腰かけて休んでいると、長老が出てきて、「お茶をどうぞ、たばこをどうぞ」と親切に取り扱ってくれた。

「貴僧は、米沢人ともみえないが、どちらの人」

と私が言うと、

「自分は伊賀の国、何々という所の者ですが、諸国の雲水に出て、一昨年の秋よりこの寺におります」

と言う。

「この寺に狐がいて、時にはいろいろの妖怪が出ると聞いている。今も狐はおるのか」

とたずねると、長老は、

「随分とおります。お目にかけましょうか」

と。私が、

「狐はいつもつないでおかれるのか」

と言うと、長老は小僧を呼んで、「狐をお目にかけなさい」と言った。

小僧は、「かしこまりました」と言って、庫裏《くり》へ行き、小さい茶碗ぐらいの握り飯を二つ持ってきて、客殿より二十間《けん》（約三六メートル）ばかりも離れているだろうか、門のとびらのわきに将棋盤《しょうぎばん》のような木の台があって、その上へ握り飯を二つあげ、小僧は立ち退いて庫裏の前から、

「御稲荷《おとうか》、御稲荷、御稲荷」

と呼んだ。

　長老が、

「とにかく人がいるときは出てこないのです」

と言うので、まわりにいる多くの人たちは、みな庫裏へ隠れて静かにしていると、客殿の右の方の衆寮《しゆりよう》の陰からつやつやとした若狐が一匹走って来て、すぐに門のところの木の台の上におかれた握り飯二つのうちの一つをくわえて地面に下ろして、そこで静かに食い終わり、残りの一つは口にくわえて元の道を急いで、衆寮の陰へ消えてしまった。

　私が、

「握り飯を二つとも食うべきなのに、一つ食って一つは持ち帰ったのは、どうしてか」

とたずねると、長老は、

「一つは仲間への土産で、毎朝このとおりです」

と言う。

「それならば、ほかにも狐がいるのか」

とたずねると、長老、

「十二三匹もいるでしょうか」

ということであった。

「もう一度お目にかけましょう」

と言って、長老は小僧を呼んで、こうこうと申し付けると、小僧は又々庫裏へ行き、前のように握り飯をもってきて、あの木台へ載せ、庭の中で、

「御稲荷、御稲荷、御稲荷」

と呼んで、庫裏の脇へ引き下がっていると、今度は庫裏の陰から老いぼれた狐が一匹出てきて、わき目もふらず、前のように、あの台の焼き飯を一つくわえて地に下ろして、そこで食ってしまって、残りの一つをくわえてこそこそと元の庫裏の陰へ消えてしまった。

長老は次のような話をした。


仲間には順番があって、少しもこれにそむくことは出来ないものと見えます。飯の初穂は仏壇へ、そのあとは稲荷への握り飯と定めていますが、何か不浄の火などが交じったならば、けっして食べません。

すでに去年の秋のことですが、ある夜、客殿の窓からつぶてでも打ち込んだような音がして、翌朝見ると、縁の上に握り飯が一つありました。なんだこんなことかと取り上げてみると、飯に生々《なまなま》とした血が付いていました。みんなも怪しく思って調べたところ、飯炊《めした》きおやじが、

「心当たりのことがあります。昨日の朝、菜園の茄子《なす》を切ったときに包丁が手に当たって少し血が出ましたが、押し拭って血が止まったのでそのままにしておいたのですが、もしや、お供えを握るときに血が出て付いたのでしょうか。お詫《わ》びに新しくお供えしましょう」

と言って、火を清めて新たに炊いて例のように供えると、直々《じきじき》に稲荷が出てきて食べました。

このようなことなどは、ときおりありました。そのほか、この寺は夜中に戸を閉めませんが、盗人が入ったということは昔からありません。暑中でも、四方の入口や戸を開け放しておいても変わりはありません。

また、住僧が不身持ち（品行の悪いこと）であると、夜中に枕返しにあって、住職を勤めることができずに、退院するか隠居を申し立てるということです。その外、何やかや怪異なこともある格別の霊地で、末寺は奥羽に五百八か寺ということでございます。

大門通りは、左右に古木の杉が並び立ち、岩石苔《こけ》むして、しんしんとして、いかにも古跡で格別の霊地にみえる。境内は何町四方とか、守護不入の地（守護が入れない地）ということである。

むかしは、漆《うるし》の木がたくさんあった。上《かみ》（藩）よりのお手入れ（課税）はないので、寺で筒を立てて、蠟《ろう》を流しこんで蠟燭《ろうそく》を作って売っていたとのこと。また、末寺の者たちが挨拶に来たときには、当寺の産物として蠟燭を遣わしたということである。

しかし、安永（一七七二〜一七八一）の初年より上のお構い（藩の配下）になり、寺のものとはならなくなり、藩全般の法にしたがって、木の実（米沢領では漆の木の実をいう）取りのことも村方《むらかた》と同様の法の扱いになったという。その上、近年は、蚕《かいこ》の桑が盛んになり、桑を植えることが多くなって、漆の木はしぜんと減ったということである。

＊1 **学館** 米沢藩の藩校、興譲館《こうじょうかん》。
＊2 **神保督学《じんぼとくがく》** 神保綱忠。興譲館の学政を監督する提学であったが、後に興譲館督学に任じられる。督学は、前後神保綱忠一人。
＊3 **六老《ろくろう》** 米沢藩の職制の一つ。奉行の下で、政務に参与する六人の者。

［参考］この話も常慶院蔵の『金花山狐之釜縁記』に写されている。

三　墓所の釜場《かまば》へ杭を打って来ること

ある夜、若い衆が打ち寄っていろいろと雑談しているとき、一人が言うのには、

「闇の夜に墓所へ行って、釜場へ杭を一本打ってくることは出来ないものらしい。杭を打とうとすると、いろいろと魔がさして、打ちこむことが出来ないものだそうだ」

と。一人が進み出て、

「なんで打たれないことがある。自分ならばきっと打てる」

と言う。

　この男は、前からものごとを気にかけない者で、さびしいなどということを知らない者だった。みんなが、

「これまで、魔がさして、打ってきた者はいない」

「お前が打ってきたら、我々は酒を買おう」

などと言うと、その男は、

「それならば、今宵やろう」

と言う。

それで、杭を一本けずって渡した。

その夜は、真《しん》の闇で、ことに雨が少し降り出してきたのだが、男は支度をして、二町（約二二〇メートル）ばかり離れた墓所を目指して出かけて行った。友達たちは、「本当に墓所へ行くのか、心許《こころもと》ない」と言って、二三人が後から見え隠れしながらついて行った。

男は、小謡《こうたい》をうたいながら行った。墓場に着くと、あの杭を取り出して、藁打《わらう》ち槌《つち》を持って、すとんすとんと打つ。場所柄なんとなくその音、地の底の金輪際まで響いて物さびしく思うところだが、その男は杭を揺るがし揺るがしして見ながら、しっかと打ち込む。

さて帰ろうとすると、何やら後ろからしっかり押さえて引きもどす。男が、

「何奴《なにやつ》め、何奴め」

と引っ張るが、引っ張っても引っ張っても、何としても何としても放さない。

男は「さては、魔がさしたか」と薄気味悪くなって、また力いっぱい入れて引くのだが、引っ張っても引っ張っても放さないので、とうとうたまりかねて、

「やあれ、やあれ、やあれ」

とわめきだした。

その時、見え隠れしてついて来た友達たちが走りつけて、

「どうした」

と言うと、

「何かが後ろから押さえて、放さないのだ」

と言うので、

「さては」

と、そばに寄って見ると、着ていた毛蓑《けみの》を杭にくるんで打ち込んである。

友達たちは大笑いをして、二人がかりで杭を引き抜き、蓑をはずして、連れだって帰った。

前々から、人の言い伝えていることなどは、自分の考えをおし通して打ち消して争うべきでない。これがすなわち、「魔がさした」ということであろうと、人々は言った。

四　隅《すま》のば様ということ

夜中に静かな寺へ行って、四人で座敷の四隅《よすみ》にかがんで、燈を消して、四隅より各々が座敷の真ん中へ這《は》って出て、一人がそれぞれの頭を探って、「一隅《ひとすま》のば様、二隅《ふたすま》のば様、三隅《みすま》のば様、四隅《よすま》のば様」と頭をなでてみれば、自分の頭とともに五つある。何度なでても五つある。

また、もとのように四隅に戻って、別の人が前のように、「ば様、ば様」と、ひと頭ずつなでてみても、自分の頭とともに五つある。

これは、むかしから若い衆が打ち寄ったときに戯《たわむ》れに遊んだことである。自分も十三四のころ、友達と連れ立って常慶院《じょうけいいん》に行って、このことをして遊んだが、幾度も出直し出直しして頭をなでまわしたが、四つの頭があって、自分の頭とで五つである。牌寺《はいじ》（菩提寺）で、常々近所なので遊びにいく寺なのだが、なんとなく小淋《こさび》しくなって心迷うものである。怪異のことなど、あればあるものである。若い殿原（男子の尊敬語）たち、隅のば様して遊ぶべし。

［参考］部屋の隅にいる神霊を呼び出すという遊びと思われる。泉鏡花「一寸怪」（一九一〇年）。大島建彦「スマタラ来い」（『西郊民俗』第一〇六号、一九八四年）。常光徹「隅のば様と現代の民話」（説話・伝承学会編『説話の始原・変容』一九八八年）。

五　吉田藤助《とうすけ》、疫病《えきびょう》の神を見ること

私の父藤助が壮年のころ、宝暦（一七五一～一七六四）初年のころでもあっただろうか、町内の上《かみ》に伯父の石野六左衛門という者がいた。夏のころ、疫病だと広く言い触れられて、世間に大流行してたくさんの人が死亡した。伯父六左衛門の妻もこの流行にかかって終《つい》に亡くなってしまった。

私の父の藤助は、病気の時から看病していて、夜ごと伽[*1]に出かけていた。葬送の翌晩出かけていくと、伯父が言うのには、

「その方《ほう》、病中より毎夜数晩の伽、恐縮である。疲れもあるだろう。今夜はこの方たちがお伽してくださるので、その方は帰宅して休みなさい」

とのこと。

その意にしたがって、ゆっくり酒を飲んで話をしてから家を出たのは、丑《うし》三つ時（午前三時頃）のころでもあったろうか、門の外に出たら、なんとなく背中がざわざわとして水を注がれるような感じがしたので、もしや自分にもうつるのではないかと思いながら歩き出した。斜め向かいの東側に空き屋敷があって、そこにさしかかると、一寸先は真の闇な

のに、一間《けん》（約一・八メートル）ばかり先の目の前に、大きな山伏《やまぶし》がにょっきと立って、目を見開いていた。そのありさまは異様な姿であった。

藤助は体が大きいほうで、背丈が五尺八九寸（約一八〇センチ近く）もあるのに、自分より首の分ほども差し抜けていて、頭はゑが天窓《あたま》（いがぐり頭）の山伏である。

「すわ、曲者《くせもの》め、一討《ひとう》ち」

と、脇差に手をかければ、すぐに消え失せて、影も形も見えなくなってしまった。

藤助は薄気味悪くなって、小足早に通り過ぎて、四五間（八メートル程度）行ってから振り返ってみたが、何の変わったこともなかったので、帰宅して寝た。

翌朝になっても気分に変わりはなかった。このことを人に話して病気にでもなったら、臆病者などと人にあざけられるだろうからと、家の者にも口外しなかったが、翌年の法事のときに、このことを話したという。

亡き父は真面目な性質なので、仮にも嘘など言う者ではないが、このような怪しいこともあればあるものだ。

ある人が言うのには、

「藤助は壮年より同姓の吉田一無《いちむ》の門弟で、もっぱら居合稽古《いあいげいこ》の時分であったから、急に陽《よう》の気がみなぎって、一討ちと、脇差に手をかけたので、陰《いん》の邪気は気負けて、かたちが消え失せたのであろう。そのとき、藤助が少しでも弱気になって逃げ退いたならば、かならず病にかかっただろうが、一討ちと陽気が立ったのは、かねてからの居合稽古の徳なのであろう」と。

さて、疫病の神は山伏ということは、一般に言われていて、幼年のころからも聞いていたので、疫病をわずらう者は、幻にも山伏の姿をみるのであろう。疫病の神というものがあって、人に取り憑《つ》こうとするならば、山伏に化けなくても、見目《みめ》よい若い女にでも化けたならば大いに取り憑きやすいだろうに、どうして人の怖がる山伏に化けるのであろうか。疫病は、かならず気候不順の年に流行するものである。一家一類、または親しい友達など、看病する者は、かならず同じような気質気性の人が邪気を引き受けてわずらうものである。

他人というとも、自分に虚弱のところがあれば、邪気はその虚に乗じてわずらうことがあるのだと。とりわけ、疫病の神といってその形は定まっていない。もし形があるならば、若い女に化けずに、ゐが天窓の山伏に化けたのでは、化けそこないというべきであろう。

＊1　伽《とぎ》　夜、そばにいて話の相手をすること。また、看病すること。

六　桶屋町《おけやまち》鑰入六左衛門の疝気《せんき》のこと[*1]

私の町内の下に、水呑《みずの》み百姓（貧しい小作農民）の伝之丞《でんのじょう》という者がいた。前々から肩癖《けんぺき》（肩こりなど）の症状があって、ときどき苦しんでいたので、五月中に白部《しらぶ》の高湯（白布高湯温泉）へ行った。

ちょうど田植え上がりで、在郷からの湯治《とうじ》の人がたくさんで、家中の衆（上杉藩の士たち）もまた多く、東の湯、中の湯の両宿屋はいっぱいで、空き座敷もない。滝打たせ（湯滝に体を打たせる）するにも不自由なので、とにかく、西の湯こそはいいだろうと西の湯へ行くと、湯治人はだれもいなくて大変都合がよく、何度も滝打たせをした。

そうしていると、在方《ざいかた》（田舎の方の者）と思われる男が、これまたしきりに滝を打たせていた。毎度言葉を交わしていると、この男の痩《や》せていること、箸《はし》に目鼻ともいうようで、手足は細い火箸《ひばし》のようで、ほんとうに骸骨《がいこつ》と言おうか、餓鬼《がき》とでも言おうか。

伝之丞が、

「そなたは、在の者か。今年は旱《ひでり》であるが、水はいつもどおりで、みな田植えが終わったということだが。そなたは下長井か。ところで、そなたは長患《ながわずら》いでもしているのか。痩せているのはそういうことだろうが、全身がみな火傷《やけど》のように見えるのはどうしてか」

と言うと、その男はそこらを見まわし、人もいなかったので、

「今は、何をか隠しましょう。私は東寺町下《ひがしてらまちしも》、桶屋町の六左衛門の疝気仙助《せんすけ》*2という者です。六左衛門が壮年のころより体内に住んで、年を経ていくにしたがって横領していき、六左衛門は今では近い町に並ぶ者がいないほどの疝気持ちになり、いつも苦しんでいます。

しかしながら、六左衛門は吝坊《しわんぼう》（けちん坊）の倹約者なので、いまだに赤湯《あかゆ》や姥湯《うばゆ》などへの湯治もしないで、ひたすら灸《きゅう》責めなので、長年積もって灸の跡は五万三万の数ではありません。それでご覧のように、全身が焼け焦げて見苦しくなりました。この間も余り余りに灸責めにあい、なにぶん居ることができないので、保養のため四五日前より湯治に来ました。失礼ながらご覧ください」

と言う。

すり寄って見れば、背中の肩先から下まで、骨の上だのの区別なく、胸の内側が少し空いているぐらいで、腰から下は足の甲にいたるまで、針を落とす場所もなくて、赤胴*3を見るように焼け焦げている。

伝之丞は不審に思って、翌日また同浴のとき、

「そなた、これからどちらへ」

とたずねると、仙助は、

「またまた六左衛門のところへまいりますが、滝を打たせたら、思いの外気持ちがよいので、もう四五日逗留《とうりゅう》しようと思います」

と言う。

伝之丞が、

「自分も疝気で、季節ごとに腰が引きつって苦しむことがあるが、これはどのようにして治せばよいのだろうか」

とたずねると、仙助は、

「赤湯や姥湯の温泉へ二回り、*4 三回りずつも入浴すれば、完全にとはいきませんが、一年経ってもおこりません。疝気の症状は、食事は進むものでございます。温かなものがよろしいです。冷たいものは疝気に障《さわ》ります」

と答えた。伝之丞は、

「そなたの好物とか嫌いなものとかはあるのか」

とたずねると、仙助は、

「私が嫌いなものといえば、第一に熱湯、赤湯、姥湯、にんにく、その外温かいものは好みません。好物といえば、すべて冷たいもので、また、東風《こち》（東から吹いてくる風・春風）

がそろそろと吹きだすと、大変気持ちがよいものです。六左衛門のところは東川原の吹き上げで、少しの東風でも直接吹き込んで、疝気の住所には最上のところでございます。蕗《ふき》のとうは大変好物、その外は焦げたもので、豆煎《まめい》りや焼き飯の焦げた皮は、大変こころよいものでございます。

疝気は肝の臓より起こり、肝は怒りや腹立ちを持ち前にしているので、六左衛門は、疝気が起きれば、やたらに腹が立って、悪くもない家の者を叱《しか》りつけ、ひどい時には自分が結った桶《おけ》を才槌[*5]でみじんに打ち砕くことも時々あります。これは疝気の大盛《おおざか》りのときでございます」

と答える。

伝之丞、

「そなた、また桶屋町へ帰ることを言われるが、どのようにして六左衛門に取り入るのか」

「それでございます。六左衛門は、前から豆煎りを大変好物にしているので、いつも細工箱に入れておいて、ちょっとの手休めの時にも豆煎りを食べるので、私は、湯から帰ったら、四五粒の豆煎りになって細工箱へ入っていれば、六左衛門は見つけてすぐに食べるでしょう。

あなた様も疝気症でございますので、なったならば、かならず冷えたものはやめて、どじょうを時々召し上がれば、大変養生になります。私には禁物でございます。

今日は、いよいよ御帰湯になられますか。きっと遠からずお目にかかるでしょう。かならず私が申上げたことは、御口外くださいませんように」

と言って別れた。

伝之丞は、昼食後、高湯を出発したが、途中で、「さてさて、妙なこともあればあるものだ、実《まこと》か嘘《うそ》か、あの痩せ男にだまされたか、何にしても桶屋町へ行ってみよう」と思いながら、家へ帰った。

伝之丞は独身者なので、自分で火をおこして食事をして寝たが、翌朝少し早くに桶屋町へ行き、「六左衛門のところは」と町で尋ねると、「こちらです」と言う。

「六左衛門殿はおいでか」

と言うと、女房が出てきて、

「四五日前、川井の酒屋へ桶を結い立てに行っていて、昨夜帰って来る予定でしたが、泊まっております。今朝は帰るでしょう。何かご用でもございますか」

と言う。

「六左衛門にじかにお話したいことがあって来ました」

「それならばそちらにお通りください」

と言う。中へ入って見まわすと、暮らし向きは豊かに見える。

まもなく六左衛門が帰ってきて、

「何かご用でもございますか」

と言うので、伝之丞は、

「用事といって特別なことではないが、しかし、他聞《たぶん》もどうかと」

と言うと、

「それならば」

と言って、一間へ案内して、茶やたばこなどを差し出した。

伝之丞は、亭主六左衛門に面談したところ、高湯で同浴した仙助である。

「そなたは仙助か」

と言うと、

「私は六左衛門」

と言うので、

「仙助という者は」

とたずねると、

「このあたりに仙助という者はおりません」

と言う。

なおなお、不審に思って見直すが、やはり同浴した仙助である。いよいよ不審に思って、それから小声になって、高湯で仙助と同浴したことや仙助の人物などこまごまと話した。

すると、六左衛門は手を打って驚き、

「なるほど、私は長年疝気持ちで、ときどき患っていたのですが、十日ばかり前よりさっぱり足腰が痛まないので、このたび川井の酒屋へ桶の結い立てに行っていて、ただ今帰ってきたところです。まことにご親切なことで」

と言って、とても感謝して、吸い物や酒や肴《さかな》を出してくれた。伝之丞は大変ごちそうになって帰っていった。

あとで、女房が、

「密談は何事ですか」

と尋ねたので、六左衛門は、

「こういうことだった。ほんとうにたわいもないことだ。そうしてまた、前からの知り合いでもない南原《みなみはら》の人がわざわざ尋ねてきて、だまして惑わすようなことでもない。その仙助という者が高湯に入浴中は、自分の腰膝足等の痛みがいっさいなく、すでに川井まで歩いて行ったけれども、少しも痛みがないのは不審なことだ。何にせよ、焦げたものはひとまずやめよう。南原の人が前もって自分の好物の品々を知っているわけもない。何といっても、このところ痛みがないのがしあわせ」と言った。

そして、盆市前の結い立ては忙しいと、早朝から暮れまで稼いだけれども、腰や膝の引きつりもなく働くことができた。

ある朝、細工所へ出て、例の細工箱のふたを開けると、大粒の豆煎りが十《とお》ばかりある。何げなく口に入れようとしたが、「いや、あの人が言ったのはこの大豆であろう」と気が付き、豆を取って打盤《うちばん》に載せ、「にっくき豆め」と、才槌でみじんに砕いて、茶の間の燃え火にはたき焼《く》べてしまった。

それからは、六左衛門、疝気がさっぱりと根抜きになったようで、歩くのも思うまま自由になった。そして、あの伝之丞のところを尋ねていって、謝礼として、五升入り桶二つ、三升入り桶一つ、そのほか肴を添えて持参し、くり返し礼を言って帰ったという。

それから六左衛門は無病息災《そくさい》になり、家業に精を出し、家は富み栄えて、子どもたちも成長して、なおなお家業繁昌して、賑やかに暮らしたということである。

これは、宝暦（一七五一〜一七六四）の初年の頃のことだと聞いている。「あの伝之丞は町内の者であるので、間違いないことだ」と、祖父がむかし語りに聞かせてくれた戯言《ざれごと》である。この様なこともあるものだろうか。

＊1 **輪入《たがいれ》** 桶のまわりの部分に、竹などで作った輪をはめること。ここでは、その職人。
＊2 **疝気《せんき》** 漢方で、下腹のあたりが痛む病気。
＊3 **赤銅《しゃくどう》** 銅に、わずかの金と銀をまぜた金属。色はむらさきがかった黒。
＊4 **二回り** 十四日間。服薬・湯治などで、七日間を一期と数える。
＊5 **才槌《さいづち》** 胴の部分のふくらんだ、小形の木のつち。

［参考］この話と似た話が、「不思議な入湯者」と題して津村淙庵の『譚海』にある。伊豆修善寺の湯で出会った男に、疝気の治し方を教えてもらうが、翌日その男をたずねると、別人で、昨日のことは知らないという。教えてくれた男は、山神のたぐいだという。

七　吉田藤左衛門《とうざえもん》、闇夜にはた物をしまうこと

私の五代以前の先祖、藤左衛門は、会津より引っ越して来た者である。生まれつき行いは正しく、強勢《ごうせい》（勇ましさ）は人々を超えていて、その上律儀者なので、少しでも吉凶や珍説を聞くと、すぐに持仏堂《じぶつどう》（仏壇）へ報告し、ほかへの出入りのときにも仏様へ報告する。よその家へ行っては、まず先方の持仏堂へ礼拝し、それから家の者に挨拶するので、人々は、「拝み藤左衛門」と異名《いみょう》した。正保（一六四四～一六四八）年中、丸田*1の三十目筒*2の鉄砲の打ち手として、大きな功績があったので、代々、並の扶持*3よりは多くもらった。

その頃、笹野観音の祭礼日でもあったか、手妻《てづま》つかい（手品）か何かの見せ物があって、大門の前は群衆して、傍らの作物を踏み荒らした。畑の主がやって来て大いに怒って、人々を制して、その上、小児を抱き上げて見せていた奉公人*4をつかまえて、「この賤《いや》しい奉公人めが」と言って、打ち伏せて土足にかけて散々に打ちたたいた。

この奉公人が残念に思って訴えたのだろうか、または官府へ聞こえたのだろうか、あの打ちたたいた百姓は召し捕らえられ、諸士《しょし》（藩士）を土足にかけて打ち叩いた不調法《ぶちょうほう》ということで、所御仕置*5として、大壇《おおだん》（地名・小字名）において、磔《はりつけ》にされた。

その頃は、はた物[*6]はさらし捨てであったとのこと。五六月の極暑の時分だったので、あのはた物は腐って、全身破れて臭気がひどいので、往来の者は、東は長手新田《ながてしんでん》をまわり、西は掘立川《ほったてがわ》から身洗川《みあらいがわ》へ出て常安寺《じょうあんじ》脇を通った。

そうしたところ、ある夜何者がしたのだろうか、夜の内にあのはた物が跡形もなくなっていて、磔杭《はりつけぐい》までもさっぱりと片付けられていた。臭気もなくなったので、往来の人々は大変喜んで、それより通行するようになった。

このことは、何者の仕業ともわからなかったが、拝み藤左衛門の仕業であろうと、人々は言った。藤左衛門は深く隠して、家の者にも知らせなかった。

が、召使いの下人が、ある夜の明け方ごろ、外にある雪隠《せっちん》（便所）に入って出たところ、藤左衛門が立付《たちつけ》（裁着袴《たつつけはかま》）を着て、蓑《みの》を着けて帰って来たので、下人が、

「旦那様、どちらへお出でで」

と言うと、藤左衛門は声高《こわだか》に、

「どこへ行こうとも、その方構《かま》うな」

としかりつけて、家へ入った。あれは、あのはた物を始末した夜だったので、旦那であろうと、下人の口からもれて、広くうわさされたということである。

その頃、藤左衛門は、何御横目[*7]かを勤めていて、日勤していたという。

翌年になって、友達たちに問い詰められ、藤左衛門は、

「それなのだが、朝夕の往来するのに、臭くて堪《た》えがたかった。それに、南郷の婦女子はもちろん、男でも、夜中はもちろん、昼も回り道しているのは、余りにも不自由なことなので、夜中人が寝静まったころ行って片付けた。

俵へ入れて掘立川の川端の藪原《やぶはら》へ棄《す》てたのだが、これからは、あのような所へ行くときは、荷掛《にか》け棒《ぼう》でも持っていくことだ。腐れ破れたのを山刀《やまがたな》でずたずたに切って、俵へ押し入れていると、狼どもが数多く来てやかましかった。山刀をふりまわすと逃げ去るが、俵を背負おうとすると、後ろから俵にかかってきて、うるさかった。荷掛け棒の一本もあったら、狼の二三匹は打ち殺したのに。また、礫杭は生木なので重くて、一背負《ひとしょ》いにやっとのこんで（ことで）、背負った」

と、話したとのことである。

「こういうことは、武士などのやるべきことではない」と言って、大いに恥じて、「けっしてよその人に語らないように」と、友達たちへ言ったということである。

この藤左衛門は、鉄砲の三十目筒、めでたく打留《うちどめ》（射手の免許）を命じられたので、先祖へお目にかけようと持参して、持仏棚へ［会津よりお引っ越しのときは、家の作りも小屋

同然である。持仏堂など持っている家は、町内に一軒もない。家々では縄で一枚板をつるして下げ、仏の膳椀《ぜんわん》、花立て、香炉《こうろ》などを置いたということである」三十目筒を上げ、下で藤左衛門が拝んでいると、つるしていた縄が切れて、三十目筒が落ち、仏の膳椀、香炉、花立てなどがみじんに砕けてしまった。

藤左衛門はあわてて仏の掛け軸を取り上げて、「まず、御無難で恐悦《きょうえつ》」と、掛軸をなでさすりさすりしたとか、今に申し伝えている。むかしは、このような異人(変わった人)もいたということである。

一

右の藤左衛門に実弟がいる。町内の同じ名字、同じ猪苗代《いなわしろ》組の吉田[一無《いちむ》の先祖である]へ名跡*8にやって、次左衛門という。仲間五十人頭を仰せ付けられたので、それからは朝夕の来訪にも、藤左衛門は、間違っても弟の上席に座ることはなく、次左衛門が入ってくれば、自分は下座《しもざ》にいる。弟の次左衛門は、また律義者なので、兄より上席することを、出会うたびに辞退する。

兄弟はたいへん仲がよく、近所のことでもあるので、仏の日には初物を上げるのだとか、あれだこれだにつけて、互いに寄り会うのだが、膳が出ても席を辞退して、汁も煮物も冷めてしまったということである。

結局、対座して話しているのだが、そのうちにたがいに膝をすり寄せすり寄せして、後には膝と膝が組み合ったというのである。

「だれと話しても、兄弟話ほどのことはない」

と言ったということである。

今はそのような人の話はどこにも聞かない。変わった人だけれども、申し伝えていることなので書き記した。

二

この藤左衛門、後年、七月、盆の十三日の朝には、上下《かみしも》を着て墓所へ行き、

「ただ今お迎えに参上」

と言って、父の墓前に背中を向け、両手をうしろへまわして、

「仏を負ぶいましたぞ」

と、途中そろそろと大事に歩いてきたところ、下人が家の入口前で何かしていて、旦那が来るのも知らずにいた。

藤左衛門は声をあらげて、

「ただ今お仏がお入りになられるのに、お前、そこでなにをしている、片付けよ」と叱った。

すると、下人の七助は気が利く男なので、

「お出迎えに出ました」

と言った。

藤左衛門は、

「やれやれやれ、親切な。お供せよ」

と言いつけ、七助は声払いして高声で、

「下人七助、お出迎え申上げまする」

と披露《ひろう》した。七助は尻引っからげて（着物の裾をまくりあげて）後について、二間（約三・六メートル）ばかりのところをお供したということである。

むかしは、このような異人もいたのか、今は町内にこのような異人はいない。

＊1 **丸田** 米沢藩の砲術の、種子島流《たねがしまりゅう》鉄砲の師範家。
＊2 **三十目筒《つつ》** 弾丸の重さ三十匁（約一一〇グラム）の鉄砲。
＊3 **扶持《ふち》** 武士に米で与えた給与。

＊4　奉公人　米沢藩では、城下に収まりきれなかった家臣団を、城下郊外の東原、南原に住まわせ、下級家臣団の侍町を作った。ここに住む下級家臣団は、原方衆、原々奉公人などと呼ばれた。
＊5　所御仕置《ところおしおき》　現地での見せしめの処罰。
＊6　はた物　処刑された死骸のことか。
＊7　御横目　監視・監察などの役職。
＊8　名跡《みょうせき》　苗字の跡目を受け継ぐこと。

八　李山村《すもももやまむら》の多蔵《たぞう》、狐にばかされること

東李山村銭子屋敷《ぜにこやしき》というところに、多蔵という者がいた。もともと気丈な者で、酒をよく飲み、働きも人に勝って力田《りきでん》の者（田畑の耕作に力をそそぐ者）で、暮らし向きもよく、よい百姓である。

東山上村《ひがしやまかみむら》の戸板《といた》に伯母がいるが、盆前より具合がよくないので、見舞いをしたいと思っているのだが、田畑の仕事に追われて、今日の明日のというちに盆になってしまった。が、そのうち全快したという伝言もあったので、盆の行事もすませて、二十三日に伯母

のところへ出かけた。

伯母は久々の面談なので喜んで、酒よ冷麦よと、もてなしてくれた。盆前に隣の家の従弟《いとこ》に子どもが生まれ、今日は日明き（お産の忌明け）の祝い事の日で幸いなのでと、従弟が来て、是非にと招かれ、断ることもできずに行った。もともと酒好きなのでゆっくりして、日暮れになったので、多蔵が「帰ろう」と言うと、伯母は「久しぶりなので夕飯を」と言って引きとどめた。多蔵は、盆過ぎは忙しいこともなく、珍しく従弟たちも来たので、ゆっくりとした。

多蔵が帰ろうとすると、伯母が言うには、

「今夜はもう四ツ過ぎ（午後十時ごろ）にもなったでしょう。和泉《いずみ》屋敷あたりには悪い狐がいて、春に片子《かたこ》の五郎兵衛殿がばかされ、この盆前にも裏町《うらまち》の権六《ごんろく》殿が振舞い帰りにばかされて、土産《みやげ》の食籠《じきろう》（食べ物が入った入れ物）を取られて、一つは堰《せき》の堀端《ほりばた》に、もう一つは和泉屋敷の土手下にあったということです。夜中の帰りは絶対にいけません。泊まって明朝帰りなさい」

と。多蔵は、

「それは人によるだろう。この多蔵などをばかす狐は、生き皮剥《は》いでやろう」

と言う。来ていた従弟たちも伯母と同じように止めたが、いっさい聞き入れない。

「それならば、送りましょう」

と従弟たちが言うと、多蔵は、

「これまで夜中にも往来してきたけれども、狐はもちろん鼠子《ねずみこ》にも出逢ったことはない。送ってもらうには及びません」

と言って聞き入れない。

　家の者は仕方なく、それ土産だ、苞《つと》（藁《わら》に包んだもの）だ、隣からの祝いの赤飯だ、煮物だと、重箱包みに二苞を取りそろえた。重箱は腰に付け、苞二つは手にさげて、出立したのは、かれこれ九ツ過ぎ（午前零時ごろ）でもあったろう。

　多蔵は、機嫌にまかせて小唄をうたい、月はさし上って夜はよく、踊り戻りの笛の音が[*1]遠く聞こえて心楽しく、松原獄門場《ごくもんじょう》あたりと思われるほどまで来たところ、傍《かたわ》らの木立《こだち》の陰から、二十《はたち》ばかりのとても艶《なま》めかしい女が一人、ひらひらと出て来て、

「おじ様、どこまでお出で」

と言う。多蔵は、

「おれは李山まで。そなたは」

と言うと、

「私は片子の実家へ盆礼にまいりましたが、夕方になったので、泊まっていくように強く

引き止められましたが、今朝、かか様（姑《しゅうとめ》）に、泊まらずに帰れと言われたので、それで急いだのですが、暮れになってしまいました。松原には悪い狐がいて、ときどき人々がばかされ、すでに盆前にも、裏町の権六様がばかされて、お振舞いのおみや、ころころ取られたという話。私も母が寄こしたかか様への土産を一包み持っているので、何となく薄気味わるくて、だれか通ったならば、ご一緒したく、この木陰で待っていましたところ、すっかりまっ暗闇になってしまい、しかたなくここに出てきました。ご面倒でしょうが、漆原《うるしはら》までお連れください」

と、しおしおとして話した。

多蔵心に思うには、「きゃつ（こいつ）、さてこそ狐め、見損なっているんだな、よし」と。

「しっかり送ってあげましょう」

と言って先に立つと、女、

「お手ふさがりでしょう、その包み、私がお持ちしましょう、お寄こしください」

と言って手を出したので、多蔵、さてこそと思い、わざと苞をさし出して、

「このうまい土産、人に渡されるものではない。それよりこの傘を持ってください」

と言えば、

「たしかにお持ちしますが、二包みはお持ちにくいでしょう。ぜひ一包みはこちらへ」

と言う。多蔵は、

「これなど、人手に渡すことはできない」

と言って、

「これか、これか」

と女の鼻先へ二三度さし出すと、女はホホホホと打ち笑って、

「そのお腰に付けられた包みをお寄こしくださいな」

と言う。多蔵、

「いやいや、これはお赤飯で、なおだめだ」

と言っているうちに、やがて街道へ出た。

　女が、

「あの火の見えるところが私の家。ご苦労ですが、もう少し」

と言えば、多蔵、

「十分に送ってあげよう」

と言って、もしもこの苞などに手をかけたならば、ひとつかみにしてくれようと、女の後についで行くと、間近くなって、

「かか様、かか様」

と言う。

すると、姑かか、走り出てきて、

「この暗いのに、どのようにして」

と。女は、

「それは、暮れになって仕方なく、小坂の下で人通りを待っていたら、このおじ様がお通りになったので、ここまで送られてきました」

と言う。姑かか、

「やれやれやれ、まずはこちらへ」

と、姑と嫁としなだれかけて手を取って引きとどめる。

多蔵は面白くなり、内をのぞいてみると、焚火《たきび》が賑々《にぎにぎ》しくて相応な住み家にみえた。しかしながら、油断はならないと、腰に付けた重箱をさぐってみると、変わりはない。

嫁と姑はあちこち動き回って団子をこしらえ、

「お茶を一つ」

とさし出す。

多蔵は心に、「馬の小便に馬糞《ばふん》の団子は、むかしからの狐の定法《じょうほう》、今どき古い古い」と、おかしかった。

「伯母のところで満腹」

と言えば、

「それならば、お家へのお土産に」

と包んで出して、

「まずはお風呂へお入りください。おかん（嫁の名）、汗を流しておあげなさい」

と言う。

　多蔵は心に、「泥田の風呂、これも狐の定法、古い古い」と思って、

「まずまず、かか、お入りなさい」

と言えば、かか、

「それでは、私、湯加減《ゆかげん》を」

と湯に入る。

「おかん、おかん、火を焚《た》いて」

と言うので、多蔵が、

「私が焚いて上げよう」

と、傍らにあったたばこ殻《がら》、豆殻《まめがら》などをやたらに焚くと、かか、湯から上がって、

「おかん、おかん、汗流して」

と言うので、多蔵は、

「私が流して上げよう」

と言って近寄ると、かか、

「ご過分ながら（ありがたく）」

としなだれて背中を向けたので、湯巾《ゆきん》（手ぬぐい）を押し取って、背中の皮もむけよと押しこすった。

かかはたまりかねて、

「もうし、もうし、止《や》めにして」

と言うが、多蔵、

「なにが止めにしてだ、生皮はがしてくれよう」

と、片手では肩をつかまえて動かさせないで、そばにあった縄でもって、皮もむけよと押しこすれば、背中から血が流れ、かか、こらえきれずに声を上げて、

「もうし、もうし」

と叫んだが、

「どうだ、どうだ」

と聞き入れず、少しも動かさなかった。

　その時、

「多蔵、多蔵、多蔵ではないか」

と言って、従弟二人が来て、

「何をしている、ここで」

と言うと、多蔵、

「今、狐の生き皮はぐところだ。これを見ろ」

と言うので、近寄って見れば、石地蔵をつかまえて、背中を押しこすっている。血に染まっているのは、自分の手が破れて出ていた血だった。

　従弟たちに口をそろえて、

「伯母御《おばご》が、心許《こころもと》ないと心配されたので、我らが二人で来てみると案の定だ。まずまず戻りなさい」

と言われたので、多蔵は呆気《あつけ》にとられてあきれ果て、ようやく気が付いた。

　狐の家と見えたのは、盆の墓の作り、畳《たたみ》と見えたのは、墓参りするときに供物をのせるガツギ（真菰《まこも》）の莚《むしろ》、姑かかと思って押したのは、石地蔵だった。いっしょに来た嫁もいないし、火棚[*2]にかけておいた苞もない。傘ばかりが変わりなくあった。

それから、従弟たちといっしょに伯母のところへ戻った。土産にともらった包みを袂《たもと》から取り出してみれば、しおれた芋の葉に包んだものだった。開けてみれば、馬糞である。しかし、重箱は腰からはなさなかったので、これはどんなかと開けてみると、これはどうしたことか、いつの間に入れ替えたのだろう、赤飯ではなくてやわらかい馬糞だった。さすがの多蔵もあきれはてて、それ以来、多蔵はこの道を恐れて通らなかった。たまに伯母のところへ行くときは、行き帰りとも回り道をして、二度とこの道は通らなかったということである。

これは、天明（一七八一〜一七八九）の末年ころのことだという。同じ銭子屋敷の浅之助の話なので、嘘ではなく、本当のことである。さすがの多蔵も、初めから狐と思っていつつばかされたというのは、怪異なことである。むかしから狐にばかされる者は、柔弱の者、または愚鈍な者、大臆病者がばかされるというが、怪異なこともあればあるものである。

＊1 **踊り戻りの笛の音**　踊り終わって戻ってくるときも鳴っている笛の音か。不明。

＊2　**火棚**《ひだな》　炉の上に天井からつるした棚。

［参考］この話は、「馬の糞団子」「風呂は肥溜め」として広く知られている型の世間話である。

九　吉田一無《いちむ》、壮年の時大井田伊兵衛と居合稽古《いあいげいこ》のこと

吉田一無[＊1]は、壮年の時は次左衛門という名で、年をとって隠居して一無と号した。若い時より梅沢運平[＊2]に入門して一刀流居合と手詰棒《てづめぼう》の稽古をしていたが、熱心さは同じ門弟たちの倍以上で、その技はまた人より飛び抜けていて、格別に上達したということである。定例の三と八の稽古日のほかに、間の日にも幾度となく通った。

同じ門弟の大井田伊兵衛［当代の平右衛門の祖父か］、これまた格別に熱心な者で、とりわけ仲のよい友達だった。大井田は、以前から強気で、吉田同様に熱心で、その技も人より抜きん出ていたという。芸は、持ち前少し鈍いほうで、吉田と十度戦うと、六度は吉田の勝利ということであった。それでも、気が強いので、組打ちでしっかり組み伏せられても、はね返して、仮にも負けるということをしなかった。

ある時、師匠の家で、伊兵衛が一無に言うのには、

「今日は、家の婦女子どもが振舞いに行っていて、自分一人だ。これからいっしょに家へ立ち寄れ」

と言う。「それならば」と、同道して大井田の家へ行った。

伊兵衛は、

「とにかく、人が来れば時間がもったいないので、戸を閉めよう」

と言って、戸を閉め、一無と二人だけになって、打ち合い、突き合い、組んずほぐれつ、たがいに心のままに動いた。

そして、勢いも尽きて、くたびれたので、「まず今日はこれまでにして、明日やろう」ということになり、日没ごろ一無は帰った。

さて、暮れ方に帰宅した一無が夜食に向ったところ、女房が一無を見て、

「よくも打たれて来やったな（来ましたね）」

と言う。一無が、

「何を」

と言うと、

「頭から血が流れていますよ」

と言うので、一無は頭をなでてみると、手のひらが血で染まった。一無は、「いく度かたがいに打ち込んだが、これほどに打ち込まれた覚えはない。さてさて残念なことだ」

と言いながら、夜食を終えて寝たのだが、残念で腹が立って腹が立って、終夜眠ることも出来ずに、夜が明けるのを遅いと待った。

やもめ烏《がらす》が騒ぎ立て、しののめ渡れば（夜が明けると）、一無は起きて支度をすると、女房が、

「その勢いでは、必ず過《あやま》ちもおきるでしょう。まずまず、朝飯でも食べてからにしたら」

と言うが、

「いやいや、そのようなことは決してない。ずいぶん心得ている」

と言って、家を出て急いだ。

ただ一足にとばかりに大井田宅へ着くと、大井田の家では、まだ戸も開けていなかった。ほとほと（戸をたたく音）と、戸をたたき、声をかけた。伊兵衛の妻が出てきて、

「どうして、お早いこと」

と言うと、一無は、

「亭主は」

と。女房は、

「まだ起きておりません。まず、膳部[*3]でご一服を」

と言いながら、部屋へ行って、「南原より」と告げると、伊兵衛は「これへ」と言った。

一無が部屋へ行くと、伊兵衛は、

「どうして早朝に」

と。一無は、

「それなのだが、きのう家へ帰って夜食に向うと、かかが、『よくも叩かれて来やったな、頭から血が』と言うので、驚いてなでてみたらば、手のひらが真っ赤になった。これほどに打ち込まれた覚えもなかったので、あまりあまりに残念に思って、終夜眠れなかった。その恨みを晴らしに」

と言った。

大井田は気持ちよさそうに笑って言った。

「そうかそうか、自分もきのうは、深く痛められた覚えがなかったが、ゆうべからそなたにつかまれた咽喉《のんど》が腫れて、唾《つば》を飲み込むこともできないから、今朝は、かかに粥《かゆ》を申し付けて、きのうのくたびれでまだ寝ていたのだが。さてさて、その方の喉笛《のどぶえ》に届いた早業、恐れ入っていた。喉が腫れたけれども、あっぱれ、あっぱれ、心地よく、恐れ入っていた。

おれは、それほどに打ち込んだとも思わなかった」

互いにその業《わざ》の届いたことを笑談して、いっしょに粥を食べ、打ち合いは延期して、昼時分まで話をして帰ったことがあったと。

という一無の直談を、自分は聞いたことがある。こうして、衆に抜きん出た芸となったのであろう。


大井田は、若死にしたかどうか知らない。一無は、私の一家なので、若い時から見聞きすることがあった。天明四年（一七八四）の正月、歳七十□[*4]歳で病死している。壮年から丸田へ入門、鉄砲五十目筒［この一無の先祖の次左衛門は、寛永年中、五十目筒打始《うちはじめ》の家である］を長年打ってきた。背丈は六尺（約一八〇センチ）ばかりで、骨肉太く、力量は衆に超えていた。このような大男であったが、討ち物取り（刀などで打ち合う業）、また、手詰め（接近戦）の立ち合いに、その早業は飛鳥《ひちょう》のようであった。さてこそ、今でも惜しまれることとは、人々の知るところである。

＊1　吉田一無《いちむ》（一七〇四〜一七八二）一刀流の達人。晩年、上杉鷹山《ようざん》公の夜話に召される。逸話

多い。天明二年没とされるが、この話では、天明四年に病死と記されている。
＊2　梅沢運平　米沢藩一刀流の開祖・梅沢忠兵衛の高弟。
＊3　膳部《ぜんぶ》　勝手ともいう。ここでは、常居のことで、家人の平常の居室。居間。
＊4　□部分は原本空白。

十　吉田一無《いちむ》、若い時狐にばかされること

吉田一無は、きわめて年をとって隠居して一無と改名したが、若い時は次左衛門といった。

一無は、丸田の三十目筒（鉄砲）打ちに行くため、正月七日、同じ町内の友達の青木八《はち》十郎《じゅうろう》、これも同門弟であるが、同道して出かけた。馬場尻《ばばじり》を通りかかると雨になった。二人とも雨具がないので、大急ぎで行くのだが、いくら歩いても、座頭町《ざとうまち》に出ることができない。

帽子も上下《かみしも》もだらだらに濡れて、それでもなお急いで行くと、ある人が、

「もしもし、あなたがたは、どこへお出での人ですか。先刻よりここを三度お通りです。

見れば、お二人とも雨具も着けられず、あまりに濡れていらっしゃる。どちらへ」

と言われ、吉田が、

「ここはどこですか」

と尋ねると、その人は、

「ここは御守町《おもりまち》ですが、私は、先刻より雪をかいていましたが、ここを三度お通りですよ」と。

そう言われて、二人ともパッチリと気が付いた。夢が覚めたようにそこらを見回せば、御守町である。

「よくぞお教えくださった。私たちは、丸田殿（鉄砲の師範家）へ行こうと馬場尻を通ったら、雨が降り出し、雨具もないので急いでいたが、どんなにどんなに急いでも、座頭町に出ることができないでおりました。これは、二人ともども狐にばかされたのでしょう。御親切なお徳（おかげ）によって、これよりは間違いなく行くことができるでしょう」

と言うと、その人は、

「まずは、お立ち寄られて、たばこでも上がられ、気をしずめてお出かけになられたら」

と親切に言ってくれた。が、

「いやいや、気もたしかになったので、ご心配なく。追ってお礼に参上」

と言って、雨も晴れたので、急いで丸田へ行ったが、七ツ（午後四時）時分になってしまった。

馬場尻を通ったころは、九ツ（十二時）時分でもあったろう。

「これは、狐のしわざであろう。さてさて、にっくき狐め」

と言って、互いに歯がみ（歯ぎしり）して帰った。

それから、その夜、そこここに舛《ます》落《お》とし（鼠《ねずみ》捕《と》り）を仕掛けて、鼠を二三匹捕った。それを油鼠[*1]にして仕掛けて、翌晩より二人で狐待ちをして、二月初めまでに十八匹捕ったということである。

私が若い時に八十郎から聞いた八十郎噺《ばなし》である。

そのとき私が、「それは、馬場尻の狐ではなくて、この辺の狐であろう」と言うと、八十郎は、「どこの狐であっても、一つ穴の狐ということがある」と話された。

ある人が言うのには、一無が壮年のときは、とりわけ勇気がある者であって、梅沢に入門して、精を出すこと、同じ門弟の三倍で、芸もまた衆に抜きん出ていた。このような者を、どうして狐や狸が化かしたりできるだろうか。不意に大雨にあって、二人がともに急いでいたということによる気の間違いなのであろう。

しかしながら、一無が若気のいたりで、自分の芸の秀でていることへいくらかでも慢心が出たのであろうか。もし慢心が出たとすれば、心も気もゆるんで、油断も出来るものである。そのようなところに、自分より徳の勝れた老狐がいて、一無の慢心の虚に付け込んでたぶらかしたのか。知らない。

俗説に、「魔がさした」ということがある。かねてから、諸芸が衆に超えた者の上には、いろいろの妖怪が間々あるものである。老と功積もって、徳の長《た》けた者には、妖怪などはけっしてないものである。諸芸に秀でて慢心が出来ると、妖怪は他から来るのではなく、自分の心から出て、自分を迷わすものであるということである。

＊1　油鼠《あぶらねずみ》　鼠を油で揚げたもの。狐の好物という。

十一　古志田村《ふるしだむら》七兵衛、初春に大黒を拾うこと

アアラめでたや、門松の枝も鳴らさぬ今朝のあけぼの（天下太平の穏やかな正月の朝だ）。七兵衛は早起きして、湯浴《ゆあみ》して、鎮守詣《ちんじゅもう》でに出かけた。その帰りに、道の傍らの雪の中

になにか落ちているのが見えた。なんだろうと拾ってみれば、大黒だ。錫《すず》でできているものとも見えない。また、木の仏とも見えない。その色は、薄黒く黄金《こがね》色もあって青光りしている。

これはきっと、印子《いんす》（舶来の純金）という物なのだろう。はっきりと顔の部分はわからないけれども、俵の形もあるから、大黒にまちがいない。初春の今朝といい、このようなふつうではない大黒を得るということは、ただごとではない。ひとえに鎮守様がお授けくださったのだと、うれしく思い、三度押しいただいて拝んで、急いで我が家へ帰った。

家の者に、こうこうだと言うと、妻子や家の者がともに喜ぶこと限りなかった。

すぐに行水《ぎょうずい》して、その大黒を直接夷棚《えびすだな》へ上げて、翌晩、一族や近所の人たちを集めて祈願をしているところへ、山伏《やまぶし》を招いて振舞いをした。

大黒棚へ燈明《とうみょう》をたくさん供え、山伏は開眼の儀式をして大黒に魂を入れた。

すでに祝いの膳も半ばとなったころ、大黒棚から雨垂れがしてきた。嫁が下布巾でもって拭くのだが、その臭気のすごいこと、言いようがない。なにかおかしいと思っているうちにも、なおなお雨垂れが止まないので、姑《しゅうとめ》にこうこうと言うと、姑は立って棚を見た。

すると、これはどうしたことだ、印子の大黒尊は、たくさんの燈明や家の中で焚いている火にあたたまられて、お気持ちが良くなられて、玉体（お身体《からだ》）が解け崩れてしまわれた。

七兵衛はじめ家内の者はあきれ果て、すぐに後をしまわせたが、みな臭気にむせて鼻をつまんだ。これは、寒中の雪の上で、猫の糞が固まったものであった。

七兵衛は興覚めてしまって、それ以来、「寒中、雪の中の大黒は拾うべからず」と言ったとのこと。

十二　河内勘大夫《かわうちかんだゆう》、石仏を切ること

笹野街道諸仏《しょぶつ》の大日《だいにち》の社内の南の方へ、先年、だれだかが座像の石仏を建立して、すでに供養も済ませたとのことである。

その頃のことでもあったろう、笹野観音詣でをしての戻りの者、四五人が連れ立ち、大日の社でたたずみ休んで、建立の石仏などを見ていた。河内勘大夫「何者であるか知らないが、きっと不肖者であろう」、

「この仏の首を切って見せようか」

と言った。連れ合いの者、

「それが切れるものか」

と言えば、勘大夫、

「なんの難しいことがあるか」

と言って、刀を抜いてなぐったら、仏の首は前に落ちてしまった。

そのころ、人々は、

「仏を供養して建立する者さえいるのに、仏の首を打ち落として、何のおもしろいことがある。建立した人が見たらば、切った者をさぞ憎く思うだろう。無性者《むしょうもの》（仏となる素質がない者）もあるものだ。仏の罰も当たるだろう」

などと話していたということである。

そうしたところ、その勘大夫、何か悪事を犯して、斬罪になったが、以前、諸仏の石仏の首を打ち落とした月日に当たり、刻限も同じ時刻に当たっていたという。「これこそ、石仏の罰なのだろう」と、人々は言ったということである。

石仏というとも、信心をもって念じるときは、利生《りしょう》（御利益）もあるだろうが、不信心の者には、罰も利生もないだろう。持仏として立てた金や銀の箔《はく》を貼った仏像というとも、信心を持っていなければ、罰も利生もあるまい。座像の石仏、どうして外道《げどう》の（仏への信心のない）勘大夫を恨み、罰を当てようと心がけられるであろうか。また、上《かみ》（藩庁）においても、その月その日その時刻を用いて選んでいるのでもないだろう。それなのに、その月、日、その時刻に当たって、首を刎《は》ねられたのは、自然の天罰というものなのであろう。

［参考］『米沢里人談』に、「享保三年八月五日、丸田組河内勘大夫闇討ニ命ス。河内ハ俠者也。去年今月今日、笹野ニ遊ヒ、諸仏ニ至リ、石地蔵ニ向イ、刀ヲ抽《ヌイ》テ、其首ヲ打テ落ス。コレ其仏罰ト云。其首、今ニ其胴ニ載テアリ」とある（ふり仮名・句読点は私に施した）。

十三　石野六左衛門、狐を追うこと

町内の上《かみ》に、私の曾祖父で石野六左衛門という者がいた。妻が産後、乳不足で、いろいろ薬を用いていたが、赤牛の肉を食えば、乳がよく出るということを聞き、あちこち尋ねていたところ、北の方の代官町《だいかんちょう》のだれとかが持っているということを聞き、城下へ出たついでに尋ねていって、分けてくれるよう頼んだ。赤牛の肉の粕漬《かすづ》けということで、少々もらいうけて藁苞《わらづと》にして、夜中八時分（午前二時頃）に帰宅した。

家へ入ろうとしたが、まず、自由所《じゆうどころ》、外の雪隠《せっちん》（便所）へ入った。その藁苞は雪隠前の見入れ垣《みいれがき》（目隠し用に葭簀《よしず》などで作った垣）に引っ掛けておいた。

そうしたところへ狐が来て、あの藁苞へのび上がり、もはや取ろうとするところを、自由所から、

「こりゃあ」

と、飛んで出れば、狐は大いに驚いて、垣をはね越えて逃げていった。六左衛門が三四十間《けん》（六五メートル程度）ほど追いかけると、狐は後をも見ずに、逆さ転坊欠いて、[*1]糠森原《ぬかもりはら》へ逃げ失せてしまった。

六左衛門、心に「糠森山の弥八郎狐《やはちろうぎつね》だろうが、自分が雪隠にいたのも知らずに、粕漬けの牛肉の臭いに余念なく、のび上がって、思いっきりの動転はおかしかった。さすがの弥八郎殿も不意をうたれ、たまげた（びっくりした）ことのおかしいことよ」と、一人笑いして寝についた。

翌朝起きて庭へ出ると、南隣の家の清水酒造《みき》が、父子で家の軒を回っている。

六左衛門、

「酒造殿、何をしている」

と言うと、

「それが、何者のいたずらか、ゆうべ、四方の張りがけの窓が、あれ、あのように、みな破れているのだ。棒や杖などで破ったとも見えない。つまらぬことだ」

と言うので、六左衛門もいっしょに立ち合ってみると、四方の窓がさんざんに引き裂かれていた。人のいたずらとも見えない。猫でもあろうか、所々に爪の跡があった。

六左衛門、はっと気付いて、

「昨晩こうこう、こういうことがあった。その意趣返し《いしゅがえ》し（敵討《かたきう》ち）に来たのだろうが、余りにも仰天していて、門違《かどちが》いして、こちらの家の窓を破ったのだろう。御笑止《おしょうし》な（おかしい）こと」

と言うと、酒造もそういうことに決着して、

「さてさて、ばかなこと」

と言って、またまた紙を用意して、窓を張った。

さすがに名を得た古狐も、びっくり仰天に、魂を飛ばしてしまって、門違いして、隣家に仇をかえしたことは、おかしいことである。

＊1 逆さ転坊欠《てんぼうか》いて　宙返りをするように、ひっくり返りながらという意味か。驚いて走り逃げ去る様子。

十四　人魂《ひとだま》を見ること

私は、ある時、片山総監[*1]に誘われて、赤坂山あたりへ摘み草に出かけたことがあった。弥生《やよい》（三月）初めのころと覚えている。

天気は和《やわ》らかに晴れわたり、四方の山々に霞がたなびき、峰の残雪は鹿《か》の子まだらで、なでら山の小柴《こしば》立ちには、鶯《うぐいす》の声や百囀《ひゃくさえず》りの鳥たちの声、いずれをそれと言いようもない。

薬師堂の南の芝原の千代経る松の下に、小鍋を下げ、小柴を折りくべて、生木の煙るのもおもしろく、各々焚《た》き火を取り巻いて、両足を踏みだして、小鍋へ摘み草を入れて、杓子《しゃくし》をたがいに取りながら酒を酌《く》み交わす。しまいには、芝原に寝転んで寝る人もいる。

だれも弥生とは言わないけれど、小柴に交じる桜の花、高嶺の雪も日に解けて、小沢の流れのしょろしょろ音も風雅なおもむきがあって、ほかのことも忘れ、春の日の長いことも忘れていると、入り相《い》《あい》（夕暮れ）の鐘の音に驚いて立ち上がる。花に名残の欲心は、いつまでもきりがないので、瓢簞《ひょうたん》や竹筒などを早々に片付けさせて、急いで山を下りた。

麓《ふもと》は日陰になったけれども、里の前の方は、まだ夕陽があたっていて、南北・東西の道も明るく、行き来の人も見える。春の日が長いので、夕影まで田や畑を耕し、泥に染まって、ねじり鉢巻きをして、我が家我が家をさして、鍬《くわ》をかついで帰る賤《しず》の女《め》（身分の低い女）たちをも、風情があると思って見ながら行くと、笹野の橋を渡り、法輪寺の北にある清水あたりへ着いた。

もう御城下も近いので、ここで一服しようということで、田の畔道《あぜみち》に腰かけて、火打ちを取り出してたばこをのみながら、それぞれがしばらく休んでいた。

東を見ると、南郷（南の村里）の者たちが町から戻ってくる。馬を引いたりあるいは俵などを背負ったりして、街道はまだ引きも切らない往来の人である。のどかな春の暮合《くれあい》と見ていると、法輪寺の門前の地蔵のあたり、三十間《けん》（約五四メートル）ばかり上に、何やら飛ぶ物がある。盆提灯《ぼんちょうちん》に尾のついたようなものが、街道の上を北の方へ、ぶらぶらと飛んでいる。

私が、

「あれあれ、人魂が」

と言うと、総監はじめ連れ合いの三四人も皆、「怪しい」と、目も離さずに見ていると、その色は真っ白というほどでもなく、盆提灯のようなものが、つえりつえりと、たるみたるみしながら行く。尾は凧《たこ》の尾のようで、長さは二間（約三・六メートル）ばかりもあろうか、これもつえりつえりとたるみたるみしながら、魂とともに飛んでいく。そのうちに、大石橋の上の辺りで消え失せてしまった。

「これこそ、人魂というものであろう。珍しい物を見た」

と、それぞれが言った。［但し、尾ではないだろう。魂の光の跡を引いたのが、尾のように見えたのだろう。魂にどうして尻尾があるだろうか］

筆者の私見で述べるが、「死生、死刻を知るによる」[*2]ということがあるけれども、人魂が昼中飛んだということを聞いたことがない。人間の死生に、どうして昼夜の差別があろうか。昼中だからといって、人魂はどうして事情をくみとって夜中を待つだろうか。人魂に心があるはずがない。ただその気から質（形）ができたのだから、その気が尽きたときは、影も形もあるはずがない。昼中に飛んでも、日の光に押さえられて見えないのである。

それなのに、今日見えたのは、夕陽の影は残っていたが、日没して、もはや陰《いん》の時になっていたので見えたのだろう。南の方のだれかが死んで、その魂が四つ寺（七軒町《しちけんちょう》にある四つの寺）へと飛んできたのだろう。いっしょにいた人たちも「人魂ということは、話には聞いていたが、まさに見たのは珍しいことである」と言っていた。

＊1 **片山総監**　片山一興。米沢藩の藩校、興譲館の総監。
＊2 **死生、死刻を知るによる**　原文「死生知死刻による」とあるが、不明。

十五　篠田何某《なにがし》のこと

篠田何某は生まれつき武士の操《みさお》を立て、その場限りの交友にも、無用の雑談や冗談を言ったりはしなかった。書籍を探して、故実[*1]を求めるといった者で、御年譜[*2]などに詳しく、婦女子の茶飲み話などは耳にも入れない。双紙《そうし》（読み物）の楽しみといったものも、経書《けいしょ》（儒学の経典）・実談物のほかは、今どき流行の双紙などは手にも取らない。多くの人との交わりも、故実に通じる者を友とする。人々への応対も、近年流行のように頭を下げることをあくまでせず、四角四面《しかくしめん》の応対で、平常のちょっとした歩行でも、軽々しくひたひたと歩くことがなくて、のさらのさらと大柄《おうへい》に出かけ、しかつめらしく、いかにも間違いなく男子のよそおいであって、守って変えない堅い志《こころざし》がはっきりとあらわれていた。

あるとき、夏の日のことであった。前々から懇意にしている御廟守[*3]の松田七左衛門のところへ行き、門口よりのさりのさりと、うちわをばたらばたらとあおぎながら、

「七ざ、七ざ」

と呼んだが、答えがなかったので、なお開きの戸口をさしのぞいて、

「七ざ、七ざ」

と言うと、炉端《ろばた》にだれかいて、振り向きもしないで、高声で、

「七ざはいない」と。

この言に、さすがの篠田も勢いに尻ごみして、二言することなく、こそこそと戻って、門前で御廟から帰る人に出会い、

「あら、何やつだべい（あれは何奴だ）」

ある人が言うのには、炉端に座っておられたのは、武田庄七様[*4]であったと。この方は、以前から松田へ心易くしていて来ておられたのであろう。

＊1　故実　昔の儀式・法制・服飾などの規定・古例・習慣など。
＊2　御年譜　米沢藩の各年正式行事録。
＊3　御廟守《ごびようもり》　正式には御廟役。米沢藩で歴代の藩主を祀る廟所を守る役人。
＊4　武田　上杉家客分格、高家衆の武田か。

十六　吉田藤助《とうすけ》、夜中に野合[*1]で女に出会うこと

私の父の藤助が二十《はたち》過ぎのころ、お盆のとき、山上《やまかみ》へ踊りを見に行くのに、家で手間取ることがあって、町内の友達たちはみな先に行ってしまった。

藤助一人で、急いで常慶院《じようけいいん》の北大門の前から笹《ささ》野《の》町《まち》の東裏を通って、窪倉新田《くぼくらしんでん》にかかり、六十《ろくじゆつ》家《け》在《ざい》家《け》の下《しも》の皂壇[*2]へ出ると、かたわらの藪陰《やぶかげ》からひらひらと、歳十八九ばかりの見《み》目《め》よい女が一人出てきて、

「これを履いているような子どもをご覧になりませんでしたか」

と言って、豆の葉のような小さな赤い緒《お》の草履《ぞうり》の片一方をさし出した。

藤助は、小気味悪くなって、

「そのような子どもは見ていない」

と言って通り過ぎ、四五間《けん》（八メートル程度）行ってからふり返ってみると、その女はどこへか消えて見えなくなっていた。

夜中の五つ時過ぎ（午後八時ごろ）にもなるのに、若い女が一人、連れ合いもなくているということはない。もし、訳があって、忍び隠れている女ならば、明るい月夜であるし、自分を見間違うこともない。前々からこのあたりで、狐に化かされた者が時々あったから、狐であったろうと、父は話された。

＊1 **野合** ここでは、野原の意味か。
＊2 **皂壇《さいかし》** 「さいかちだん」のこと。原本に「さいかし」とふり仮名がほどこされている。二十九話の注参照。

十七　長町七助《ながまちしちすけ》、初春に鷹《たか》を拾うこと

長町の中ほどに、柿もぎ七助という者がいた。年中、果物の商売を生業としていた。

　ある年、正月二日に、笹野観音詣《ささのかんのんもう》でをしての帰り道、石の鳥居のあたりで、当所で作っている鷹（笹野一刀彫のお鷹ぽっぽ）を拾った。七助が思うには、「年始といい、ことに今日は初夢の夜である。一富士二鷹というから、鷹を拾うということは、観音様の御利益だろう。今年は何彼《なにかれ》と幸せであろう」と大変喜んだ。

　帰宅してから、直々に神棚へ上げて、お神酒《みき》をお供えして、喜ぶこと限りなかった。

　翌朝、隣家の付木突[*1]で、そぶ口切り（悪口《あっこう》言い・ケチ付け屋）の権助が年始にきたので、七助は、

「きのう、笹野詣での帰りに、道で鷹を拾って、こうこう」

と話して、「祝いに一盃」とさし出した。

　権助は、

「やれやれ、七助、七助、それは大事なことだ。よく考えてもみろ、生き鷹ならばめでたいとも言うべきだが、落ち鷹を拾うことは、大不吉だ」

と言って、そばにあった付け木を取って、一首書き付けて出した。

〽初春に落ち鷹拾う七助は、木から落ちたか、もはや死ん鷹

七助はこれを見て、かねてからそぶ口の権助だとは思いながらも、大いに気にかかった。はたして、その秋、七助は、館山屋代町《たてやまやしろまち》の柿の木から落ちて、頭を打って、その夜のうちに死んだということである。

これは、権助の不吉なそぶ口から、このような非業の死をしたのではないだろう。しかしながら、吉事と思って家中で喜んでいるところに、無益な権助のそぶ口は、不届きと言うべき、不人情とも言うべきだろう。それにまた、このような不吉の雑言にあったのも、禍《わざわい》の前ぶれというべきであろう。

そうであるならば、柿もぎの木登りの毎度に、そぶ口権助の狂歌を三べんずつも唱えたならば、少しは用心の助けにもなっただろうに。

しかし、人によっては、あれこれ少しのことでも気にかけ、忌《い》み嫌いする者もいるのである。その人に向って、仮初《かりそ》めにも無遠慮にものを言うものでない。仮にも、吉事の戯言《たわごと》は気にもかけないが、不吉の戯《たわむ》れは、とにかく言ってはならないことであるということである。

＊1 付木突《つけぎつき》　付木は、スギやヒノキの薄片の一端に硫黄《いおう》を塗りつけたもので、火を他の物に移すのに用いられた。付木突は、それを作る職人。

十八　吉田、学館より帰る途中で、異相の野郎を見ること

私が、学館主財《がっかんしゅざい》（興譲館《こうじょうかん》の経理主任）をしていたころ、寛政四年（一七九二）十月のころと覚えているが、学館御用の豆腐屋、宇津江《うつえ》門屋権助《もんやごんすけ》のところへ、夷講[*1]というので、ある夜招かれた。極秋のころは、短日で夜長なので、諸生の夜食は食堂に、燈火を立てて出しておくので、後始末して、五つ時（午後八時）過ぎに権助のところへ行った。

権助のことなので、格別のこともなく、手打ちの蕎麦《そば》、煮しめの大根は平椀《ひらわん》の蓋《ふた》のようで、こんにゃくの切り目は小石橋のようである。手打ちの蕎麦といっても、小杉のようである。味加減は、ずいぶん塩を惜しまないで、辛味のなんばんは小口切りにして、なにかれ念入りなことであった。

腹は充分に満腹して、ゆるゆるとお茶を飲んで、帰るときに、遠方なので宿土産《やどみやげ》（家への土産）にと、いろいろな食べ残りを藁苞《わらづと》（藁包み）にして、その上、蕎麦の残りといっ

て、これまた藁苞にしてくれて、送り出してくれたのは、八つ時分（午前二時頃）でもあったろう。

主水町《もんどまち》の柿崎殿の前かと思う。上《かみ》の方より来る野郎（男）が、「火を一つ」と言うが、物言いも不束《ふつつか》（つたない）である。両手がふさがっているが、嫌とも言われず、あの包みは刀の柄にかけ、提灯《ちょうちん》を縮めてさし出した。

その野郎は主人迎えとみえて、赤桐油《あかとうゆ》（赤い桐油紙の合羽《かっぱ》）を着ているが、つかむところもない破れ桐油で、何もかぶっていない。見れば、十二三歳の元服《げんぷく》前の前髪立《まえがみだて》の子どもである。乱髪で、顔はとても小さくとがっていて、きぼ面*3で、うす赤いあざ面のまことに見苦しい顔である。

一寸《いっすん》（約三センチ）ばかりのろうそくをさし出したのを、手に取って、小さい箱提灯を引き立てたが、その古いこと、真っ赤にすすけていて、引き立てたら、ばらばらと骨ごと破れてしまった。

そして、「過分《かぶん》（ありがとう）」とも言わずに別れて行ったが、五六間行き過ぎてからふり返ってみると、屋代町《やしろまち》へ入ったのか、姿が見えない。

このような見苦しい顔の者もいるのか、学館迎えの者にしては時間も遅い、さてまた、下人ならば、前髪立はないだろう、それならば、主水町のお歴々の次三男坊でもあるのだろうか。それにしてもあのようなあさきぼ顔（痣疣《あざいぼ》顔か）もあるものだ、見るのもおかしな、つまらない若い者だと思った。

翌日出勤して、使い走りの者たちに尋ねた。

「毎日、朝夕の送り迎えの下人に、このような者はいるか」

「そのような異相（変わった人相）の者はいません」

と言う。また、

「友于堂の童生[*4]にこのような者、藩士の次三男の者にでもいるか」

と聞くと、

「主水町あたりには、そのような異相の子どもや野郎はいません。それは、狐かかわうそでしょう。宿土産の苞物《つともの》に執心して、かわうそが化けたのでしょう」

と人々は言った。

私が、包みを刀の柄にかけたので、取ることができなくて、かわうそはむだ骨を折っただろうと、人々は笑った。

＊1　夷講《えびすこう》　エビスをまつって、商売の繁昌を祈念して親類知人をまねいて祝宴する。正月と十月

の二十日におこなわれる土地が多い。

＊2 **諸生** 興譲館の定詰謹学《じょうづめきんがく》の者。藩士の子弟で優秀な者が選ばれた。日通い生の訓導もかねた。

＊3 **きぼ面《つら》** 不明であるが、後出に「あさきぼ顔」とある。「痣疣《あざいぼ》顔」の意ならば、「きぼ面」は「疣面《いぼづら》」のことか。

＊4 **友于堂《ゆううどう》の童生《どうせい》** 興譲館に設けられた通いの学生を教育する施設の友于堂に通う下等（十七歳以下）の通学生徒。

十九　田滝甚蔵《たたきじんぞう》、馬場尻《ばばじり》で坊主を見ること

田滝甚蔵、先年、御三之丸の御台所勤め＊1のとき、ある夜、主水町《もんどまち》のある方へ招かれた。ゆっくりして、やがて人も寝静まった八つ時分（午前二時頃）に帰ったが、いつも東の方へ出かけたときは、馬場尻を通った。

その夜も馬場尻を通ったのだが、皐月《さつき》（五月）末の真暗闇で、鉄砲山の山陰はとりわけ暗いところだけれども、少し過ぎれば、南は田地に起こしてあって、樹木がなくて明るみがある。なんの気もなく通っていたら、なんとなく背中からざわざわしてきたので、顔を

ふり上げて土手を見ると、土手の中壇に、すべすべとした大きな坊主が二人、ものも言わないでぬっくり立っている。田滝は、もとより気丈な者だけれども、気味悪くなって、急いで帰り、何事もなく帰宅したのだった。

田滝は、翌日、出勤するときに、わざと馬場尻を通って、昨夜、坊主がいたところを見るが、なんの変わったこともなかった。が、その坊主のおもかげが目にとどまって、気味が悪く、それ以来、馬場尻を通らずに、外の回り道をして帰宅しているとのこと。甚蔵から直接聞いた話である。

その節、人々が言うのには、「甚蔵は、狐などに化かされる男ではないけれども、振舞いの帰りなので、きっと弁当の土産もあったろう。狐は化けたけれども、取ることができなくて、無駄化けであったろう」と。

振舞い帰りに土産をとられることは、あればあるものである。

月待ちや日待ちに、若い衆がたくさん集まって、いろいろ雑談するうちに、狐ばなしがでたら、座中、我も我もと、狐ばなしは止《や》まないものである。その中に一人が、「大木の」と言えば、また続いて、一座は大木ばなしになるものである。

私の狐むかしも、数々止まないので、人々もあきてしまって、大あくびされているので、狐むかしは「まず止めた」にして、狐化かして大木となる。

＊1 **御三之丸《おさんのまる》の御台所《おだいどころ》** 米沢城の三の丸御殿は、上杉鷹山《ようざん》公の隠居後の御屋敷である。後に支侯上杉駿河守《するがのかみ》の御屋敷となる。御台所は、武家の職名で、台所の事をつかさどった。

二十　大木のこと

私は、先年、天明（一七八一〜一七八九）の末年頃の二月末、宮内籾御蔵《みやうちもみおくら》へ宮専衛門といっしょに出勤した。

籾御蔵仕事の間の二日を、漆山村《うるしやまむら》の珍蔵寺《ちんぞうじ》へと出かけた。如月《きさらぎ》（二月）末、天気はのどかで、四方の空はうららかで、南をながめれば、不忘山《ふぼうさん》（吾妻山《あずま》）は悠々として、頂上には雪の綿を覆って、ふもとは鹿《か》の子まだらで、まだ消えていない。東は蔵王嶽《ざおうだけ》が四方へまたがり、これもまた頂《いただき》は一面真っ白である。西の飯豊山《いいでさん》は、絶頂まで晴れわたって見えて、吾妻山にまさって真っ白で、雪の消え間は見えなかった。北の月山《がっさん》、朝日嶽《あさひだけ》は、池黒山《いけぐろやま》の陰なので、見えようもない。

池黒深山《みやま》あたりの山々は薄雪で、南西は広々として影もなく、早朝から一日中の日当たりで、雪はみな消えてしまって、千草《ちぐさ》が萌《も》え出て、山辺の原の早蕨《さわらび》もところどころに出て、すみれ、たんぽぽ咲きそめて、道すがらのながめに、歩くともなく池黒村に着いた。

ここで一服しようと、又衛門という村長の家へ立ち寄り、腰をかけて、いろいろ雑談するうち、私が、

「この村より、むかし、名馬が出たということだが、本当か」

とたずねると、又衛門は答えて、

「おっしゃるとおり、むかし、黒馬の名馬が出たということで、当村を生ケ黒村《いけぐろむら》と名付けたということです。その馬は、佐藤庄司《しょうじ》殿がお取り上げになったのですが、無類《むるい》の馬でありましたので、判官《ほうがん》殿（源義経）へ献上されたところ、たいへん大切になされて、名前を大夫黒《たいふぐろ》とお改めになって、あちこちの戦場へ連れられ、すでに一の谷までお供したということです」と。

そもそも、一の谷が落城して、安徳天皇をお守りして、一門の人々は御船に乗られ、八島《やしま》（屋島）壇《だん》の裏《うら》へ落ち行かれた。

すでにご決戦が今日と極まったところ、平家の軍大将《いくさたいしょう》能登守《のとのかみ》殿より使者をもって判官

殿へ、「推参ながら（無礼ながら）能登の矢を一筋参らせよう」とあった。判官殿は、「辞退しては後代の恥」と思われ、「天晴《あっぱ》れなお弓の勢いお請《う》けいたそう」と御挨拶された。

すでにその日になると、能登守殿は艦に突っ立たれ、こちらの陣には、判官殿が御馬に乗られて出られた。

その時、佐藤継信《つぐのぶ》は小桜縅*1の鎧《よろい》を着て、馬上で判官殿の前に立ちふさがったので、判官殿は引き退いた。

その時、継信は大音声《だいおんじょう》で、

「搦手《からめて》（捕り手）の大将九郎判官義経なり」

と言って、馬上ながら胸を押しくつろげ（ゆったりさせて）立ち向う。能登守殿は、有名な五人張り*2の弓に十五束《つか》の大矢をつがって、弓を十分に引きしぼって放たれると、その矢は遠鳴りして誤らず、継信が、

「ここだ、ここだ」

と控えていた鞍《くら》の前輪《まえわ》を射通して、胸板をわっちと射抜き、後ろに控えていた雑兵《ぞうひょう》を二人射抜いた。継信、どうして持ち堪《こた》えることができようか、馬から真っ逆さまにどうと落ちた。

忠信《ただのぶ》（継信の弟）、駆けつけて引き起こそうとするところへ、敵方より首を取ろうと走

ってきた童《わっぱ》の菊王を、忠信が捕えようとすると、能登殿は、

「敵へはやらぬ」

と、菊王丸を引っつかんで味方の船へ投げ入れられた。菊王丸はあまりにも強く投げつけられて、頭がこなごなになって死んでしまった。

船中は、

「射ったぞ、射ったぞ」

と、どっと鬨《とき》の声。陸には、

「あっ」

と労《いた》わる声。

沖には、かもめの鳴き声に、日も暮れてきたので、継信を介抱してともに忠信は陣屋に引き取ると、御大将の判官殿は労わられて、お膝《ひざ》を枕として、いろいろお話くださるのに、継信は目を閉じて、お答もできないように見えたので、忠信は目をいからして、

「どうされた兄上、ただ今お話されているのは、御大将である。もったいなくもお膝に上げられ、このようなまでの名誉、武士の冥加《みょうが》、これ以上はないというのに、お答えもないのは、あまりと言えば、未練この上ない。傍輩衆《ほうばい》（同僚たち）の前を恥じなされ」

と高らかに言って、栃《とち》の実のような涙をぼろぼろとこぼし、

「心をしっかりと持ちなされ」

と言うと、継信は目を開き、苦しげな息で、

「そのわきまえのない私ではないが、能登殿の矢というのは、尋常の矢とは異なり、笛竹のような大きな鷹俣《たかまた》（鷹の羽根の付いた矢じり）で、肝のたばねを射抜かれたので、心は勇み立つのだが、残念ながら、気も魂も絶え絶えになったわ」

と、涙を流して申した。

判官殿は、なおなおお労わりなされて、お涙ながらに、

「何か言っておくことはあるか」

とおっしゃられると、継信は苦しそうな声で、

「これほどまでに御寵恩《ごちようおん》（主君の慈しみ）を受けられること、武士の本望、これ以上のことがありましょうか、何も思い残すことはございません。しかしながら、少し心にかかることは、国許《くにもと》（郷里）に残してきた八旬《はちじゆん》（八十歳）の母、七つの鶴若《つるわか》、四つの乙若《おとわか》、二つには、忠信は、若気のいたりで短慮ではありますが、継信とお思いになって召し使ってくださるならば、生々世々《しようじようせぜ》（現世も後世も）ありがたく存じます。

忠信へ申すが、万々一、主君に大事があったならば、その場にのぞんでは、その方《ほう》、我に代わって忠節に働けよ。

三つには、傍輩衆に申しますが、忠信は御存じのとおり、若い者で、皆々に対して無礼なこともあるかもしれない。若い者と思って、何事も継信に免じて許し、許してくださるよう」

と、涙をこぼして申したので、君をはじめ、居合わせた傍輩たちは、皆々涙をこぼした。

判官殿はお涙ながらに、

「老母や妻への手当のことは言うまでもなく、鶴若、乙若兄弟を手許へ引きよせ、面倒をみて、育てて武士にして、お前たち兄弟のように仕えさせよう。後のことは、少しも気にかけるな。今日のほうびに何かとは思うが、まだ戦場なのでしかたがない、落着して凱旋《がいせん》を佐殿《すけどの》（源頼朝）へ申して、恩賞を得させよう。だれかおるか、大夫黒をこれへひけ」

との仰せにしたがって、大夫黒を御前へひき出した。

その時、判官殿は、

「この大夫黒は、お前の父庄司より贈られた馬である。この馬で幾度の合戦に出ても、これまで不覚をとったことはない。以前から、戦功をたてた者は皆、この馬を望んだが、一人へ取らせれば、数人の恨みになるので、だれにも取らせなかった。数々の戦功の馬で老馬であるけれども、この度も一の谷へひかせてきた。このような場では、だれも恨む者はないであろう。今日のほうびに取らせる」

とかたじけなくも、お涙にむせられて申され、黄金《こがね》作りの御《み》はかせ（貴人の佩刀《はいとう》）を一腰《ひとこし》添えてお与えになった。

継信は、目は少し開いたけれども、お請けもできずに頭《こうべ》をたれ、もはやどうしようもない断末魔《だんまつま》、この世の息は絶えてしまった。

すると不思議なことに、大夫黒はすっと立ち、馬は北の生まれなので、北に向って三度いななき、どうと倒れて死んでしまった。大将はじめ陣中に居合わせた人々、下部《しもべ》の者にいたるまで、涙をしぼらない者はなかったという。

その大夫黒の駒《こま》（馬）の生まれた屋敷と言って、今小池がある。そのようなわけで池黒村というなどと物語りしているうち、お吸い物が出てきて、屋敷の初韮《にら》などと、ねんごろに扱われて、立ち際もなかったが、私が、また尋ねた。

「この村に大木があるというが、どちらに」と。

又衛門、

「御案内を申し付けましょう」

と言って、召使い一人先に立って案内するうちに、一町（約一一〇メートル）ばかりの道の北山の際に、岩のように見える空《うつろ》になった木があった。

立ち寄って見れば、末《う》ら留《ど》まり（こずえまで）高さは一丈四五尺（約四・五メートル）もあるだろうか。大きさを縄で目の高さで回してみると、六間（約一一メートル）ばかりあった。そうすると、中は差し渡し二間（約三・六メートル）ばかりもあるだろうか。あまりにも大木なので、

「もう一度回して測って見られよ」

と言うと、案内の者は、

「この空の内は、八畳敷きということです。むかし、この空の中でたくさんの人が集まって、ばくちを打ち、火を焼き散らかして、空から燃え上がり、それから木の頂上の伸びが止まったということです。ですが、ご覧のとおり、小枝が数本出てきております。木は欅《けやき》ということです」

と話した。

「このような大木は、お国に二本とはあるまい。珍木」

と言うと、一人進み出て言うには、

「赤湯《あかゆ》街道大橋村入り口の路先《みちさき》に立っている皂《さいかち》（マメ科の落葉喬木）の木、なかなか百年や二百年の木ではないだろう」

と言う。

　私が、

「なるほど、毎年秋に赤湯への湯治の行き帰りに見ているが、何百年の木であろうか。さてまた、下長井《しもながい》成田村の佐々木卯衛門のところへ数度出かけたが、庭前の栗の木の大木、米沢栗木の開山ともいうようで、さし渡し六七尺（約二メートル）はあるだろう。いまだ枯れもしないで、年々栗が少しずつ生《な》っているとのこと。米沢で一番の木ならば、他国にも並ぶものはないだろう。まことに珍しい大木である」

と言えば、かたわらより一人が進み出て、

「先年、我らが伊勢参宮のとき、和州《わしゅう》（奈良県）三輪《みわ》の杉を見た。どれほど古木であるのか。三輪の謡《うたい》にも、『杉の下枝』とうたっているので、その頃でも年を経た大木だったろうに、それ以来、何百年か千年にもなるだろう」

などと話した。

　また一人話すには、

「自分、先年、京都上りの節、所々見物に出たが、案内があって、金閣寺の楼へ登ったが、いやはや、見晴らしのよいこと、言うことなかった。もっともだ。

　むかし、太政《だじょう》入道清盛公が六波羅《ろくはら》で盛んなころ、火の病に苦しまれ、種々いろいろのお慰《なぐさ》みに、ここへ楼を建て、千本松原の松の梢《こずえ》に綿をかけて、暑中に真冬の様子を遠目にご覧に入れた楼だとのこと。二間（約三・六メートル）四方で、天井は一枚板、木目は何の木かはわからない。

案内の者が言うのには、この天井の板は山椒《さんしょう》の木の一枚板と申し伝えていると。二間四方の一枚板である。唐天竺《からてんじく》は知らないが、日本にこのような大木は、どこから出た物やら。六百年以前の清盛公の御代《みよ》に、このような山椒の木、神武以来の古木ともいうべきだ」

と言えば、座中、

「いや、これには、これには」

とばかりである。

そうすると、また一人進み出て話す。

「むかし、近江の国（滋賀県）とかに、桑の大木があって、桑の葉がしげると、関八州《かんはっしゅう》北国通りはこの葉陰におおわれて、太陽を見ることができなくて、田畑の作物が実ることがなかった。諸国からの訴えによって、天子の命令が下って、この木を伐らせたところ、この木のひっくり返ったのが、中国西国まで打ち渡って、九州海陸通路の行き来の人、この木を渡って通ったということだ。この桑の木がある故に、日本の異名を扶桑《ふそう》というとのこと」

するとヽ座中、「これは、これは」とばかりで、これに続ける大木の話は尽きて、ひっそりとなってしまった。これは大木噺《ばなし》の親方というものだろう。このような大木もあればあるものである。

＊1　**小桜縅《こざくらおどし》**　鎧の縅毛《おどしげ》の名。札《さね》を小桜革で編みつづったもの。
＊2　**五人張り**　四人で弓を曲げ、一人が弦を掛けるほどの強弓。

〔参考〕大木があったという場所に、昭和六十一年（一九八六）に筆者が訪ねると、大木はなかったが、「大木大明神　文化十二（一八一五）」と刻まれた石碑が建っていた（水野道子「池黒村の大木―吉田綱富の著書から紹介と雑感―」『月刊おきたま』一九八三年七月）。くわしくは本書「解説」を参照。
『源平盛衰記』（「源平侍其の軍附継信光政孝養の事」）。謡曲「接待」。

二十一　大雷のこと

くわ原くわ原くわ原くわ原、*1世なおし世なおし世なおし、ピッカリ、ぐわらぐわらぐわらぐわら、ヒッシャリ、ストオーン。

奥殿大嫌い、下女腰元《げじょこしもと》ども、取巻き用人、小姓《こしょう》ども、そのほか出入りの者まで詰め合って、息を殺してお守りする。炉には大火を焚いて、顔を焼いて茶の間にぴったりと並んでいた。

ちょうどその時、篠田甚衛門《しのだじんえもん》が行きかかり、唇を鍋《なべ》づるのようにしべはみ（強くかみしめて）、*2切り肩を張り、四角四面になっていたが、奥殿が顔を上げ、

「在郷の者などには、雷に蹴り殺されたなどという話もあるけれども、上《かみ》の方の諸士などには怪我のことは聞かないが」

とおっしゃられると、篠田はにがりきって、

「御意《ぎょい》のとおり、*3時平以来承り申さず（仰せのとおり、藤原時平以来聞いておりません）」

＊1 **くわ原**　雷鳴の時、落雷をさける呪文。死んで雷になったという菅原道真の領地桑原には落雷した例がないのに因《ちな》むともいわれる。
＊2 **切り肩**　怒り肩のような張った肩か。
＊3 **時平《ときひら》**　左大臣藤原時平。菅原道真を讒言《ざんげん》して大宰府に流した。道真が没後、雷神になって、時平は雷に打たれたという話がある。

二十二　狼《おおかみ》のこと

狼には油断をしてはならないものである。西李山村高寺《にしすももやまむらたかでら》の下に、百姓家が一軒あった。吉蔵という者、秋のことであるが、ある日、暮れ過ぎの夕飯のとき、厩《うまや》の馬が騒いだので、餌《えさ》の不足かと出てみたが、餌はたくさんある。が、またすぐに立ち騒ぐ様子が、いつものようではないので、もしや腹痛みでもしているかと思って見たが、汗もかいていない。目の色も変わりはないので、それまでにしておいた。

が、またまたしばらくして騒ぐ。ただごとではないと、女房がたいまつを灯《とも》してよく見ると、馬は前にいて、鼻息を強くふるっている。

厩の中をよく見れば、厩の隅に何やら光る物がある。よくよく覗《のぞ》いてみると、狼である。女房は、驚いて逃げ帰って、こうだと言えば、吉蔵父子、棒、ちぎり木[*1]、杼[*2]などを持って出て、そこらを立ち騒いで叩《たた》き立てると、狼は飛んで出て、台所へ駆け込み、そこだ、ここだと追い回されて、茶の間から部屋へ駆け込んでしまった。

十五六の娘がすぐに気が付いて、戸を開けると、狼は飛んで逃げ出していった。早く厩の戸を開ければ、狼は逃げ出していっただろうに、気付かずに追いまわしたので、狼は駆けまわってしまった。

危なかった。戸を開けないで長時間追いまわしたら、狼は仕方なく噛《か》みついただろう。そこを、娘が戸を開けたので、無難に追い出せた。

狼は、暮れ前、まだ厩口の戸を閉めないうちに、厩へ入ってひそかに隠れていて、夜になって家の中が静まったならば、馬の尻や四肢に喰い付こうとしたのだろう。馬はもともと臆病で、とりわけ狼を恐れるものである。狼の大胆なことよ。

それ以来、厩の入り口を早く閉めるよう、常に厩の中をよく見て、草を入れ、餌《えさ》も付けるようになった。こういうこともあればあるものである。

＊1 ちぎり木　両端を太く中央を少し細く削った棒。荷物を担うためのものであるが、けんかなどにも用いた。
＊2 杼《ひ》　機織り機の付属具。シャトル（shuttle）。

二十三　雷什和尚《らいじゅうおしょう》のこと

南寺町の常安寺《じょうあんじ》の、今の代より八代ばかり前の日誡《にっかい》雷什和尚は、長くこの寺に住職となっていた。私が十四五歳のころ、遊びにいったのは、安永（一七七二〜一七八一）の初年ころだったろうか。

白髪の老僧だった。この僧の身元はどこの出身の僧なのか、聞いていない。若いとき、仏書に深く入り込んで、労症《ろうしょう》（肺結核）になったが、養生《ようじょう》をしっかりして全快はしたけれども、少し気を取り違いすることがあったという。それからは一風変わった僧で、どこからこの寺へ来たのかは、知らない。

羅漢仏十六善神[＊1]を寺へ建立するという大願を持っていて、寺の暮らし方は大倹約をして、召し使いも置かず、自分一人であった。また、変わった僧なので、この僧が気に入る者もあるはずがなく、長年人手がなくいたところに、一人の弟子がいた。雷岸《らいがん》といったが、成人してある寺へ住職してしまって、今は老僧一人である。

境内の門の北の方へ、四間（約七・二メートル）四方の堂を建立するというかねてからの思いに、たいへん苦労し、すでに仏像を半分ほど下ろして、普請にとりかかったが、元手が調達できなくて、大工を多人数かけることができない。棟梁《とうりょう》の馬口労町《ばくろうちょう》の大工、直《なお》衛門《えもん》一人で取りかかったけれども、はかどらなかった。

私が遊びに行ったころは、堂の組み立てに取りかかり、獅子頭《ししがしら》二組が出来、材木はたくさん集めて置かれてあった。

このような大願には、檀家《だんか》とか寄進する人たちとか、二三人の世話人とかがあるべきなのだけれども、そのようなこともなかったのか、知らない。長年の心がけで、元手金は少なからず貯えておかれたということだが、利息を得るために資金を運用することを勧められ、町家の商人に貸しておいたが、その後、その商人と思うようにならなくなったり、または破産してそのままになったり、また檀家の中にも借りて返済が滞った者もあったりしたということである。このような理由で普請もはかどらなかった。

この僧の袈裟衣《けさごろも》は、夏冬ともにただ一枚の衣で、薄黄色になって垢《あか》で腐《くさ》ったような衣である。雪の時期は、毎朝、雪袴《ゆきばかま》も着ないで、皺《しわ》ばかりの尻を引っからげ、睾丸《こうがん》をぶらさげ、深沓《ふかぐつ》をはいて、雪まみれになって、寺中から門前通りまで道踏みをする。

異人（変わった人）なので、人々との交わりも少なく、自分が気に入った者だと、形ばかり語り合い、気に入らない者だと、檀家の者であっても無愛想《ぶあいそう》にして帰し、衆人に親しみがないので、自然と費用もかからない。少しでも金ができると、みな仏堂のために打ち込んでしまう。檀家も少なくなくて、檀家料などの金の出方もある寺なのだが、貧寺で、今日の貯えといっては一銭もない。

月代《さかやき》の始末もおろそかなので、白雪のような乱髪、八の字の眉《まゆ》に霜が降りたようで、髭《ひげ》は白く、眼は大きくてぐるめき目玉（ぐるりとまわるような大きな目玉）で、まことに異僧であった。

檀家中の用事にも、自分で風呂敷を提げて尻からげして行く。勤行《ごんぎょう》が終わって、食事になると、相伴《しょうばん》の人たちに膳《ぜん》が渡るのも待たないで、すぐに箸《はし》を取って食べ始め、相伴の人たちが食べ終わらないのもかまわず、自分ばかり湯を急いで飲む。さてまた、忙しいのかと思えば、そうでもなく、長い間話しておられることもある。時によっては、相伴の人の膳も上がらないのに、出ていってしまうこともあるという。なにぶんにも扱いに難しい、出来不出来《できふでき》のある僧であった。

葬送《そうそう》の引導[*2]の儀式なども、ほかと異なっていて、唐音《とうおん》でもあるものやら、たとえば、

「ラレウラレウラレウ　ニイツウニイツウ　スノコキミチリヲウ　フニヤラノフニヤラ　フウフウヲウ　フクダ　カンチウライ　アボトコ　フンデレ　カボトコ　ケベイル　ホコチヨン　トホシヒニヤ　フウフウヲウ　テレンテレン」[*3]

などと唐人の誓文《せいもん》のようで、俗人のわからない引導を、私は若いころ聞いたことがあった。法事に行って、仏木《ほとけぎ》（卒塔婆《そとば》）へもおおかた梵字《ぼんじ》で書かれて、経に「曰《いわく》」をも、∴と書かれたのもたびたび見たことがあった。

　こうしたわがままな僧だが、引導などは衆僧に越えて永引導であった。仏学（仏教の学問）に広く、経文に委《くわ》しくて、法式においては一派に指さす僧もなかったという。ほんとうに大変な異僧であった。

　この僧、存命中、自分のすがたを画師に言って、三幅対《さんぷくつい》の掛物《かけもの》にしてある。

右は、門前の街道端に筵《むしろ》を敷いて、壇を飾り、キン（銅鉢《どうばち》）をたたいて勧化[*4]の様子

中は、雷什和尚が払子《ほっす》を持って座禅の様子

左は、衣を肩に結びかけ、材木に上がって釿《ちょうな》（手斧《ておの》）打ちの様子

この三幅対の掛物、今もあるはず。右の三幅対の掛物に、中には悟道[*5]の文、右には「暑さ寒さに面《つら》さらし、志願成就のその為を」とある。

　和尚は、以前から村上流の鍼《はり》をよく打っていて、たいへん流行ったけれども、気の向き

方で出来不出来のある人であった。

あるとき、檀家の人が、眼病で鍼を打ってもらいに行った。二度目のときに、和尚が一首書いて封をして、「帰ったら見なさい」と渡された。この人、帰宅するやいなや開いてみた。

そこには、その頃もっぱら「むりかいな節」といって、唄の流行りはじめのころだったが、

〽人は両眼、月日のごとく物を照らして見るべきに、目にも障《さわ》りの春霞《はるがすみ》、見えぬまなこの気のどくを、思ふてみさんせ、むりかいな

とあった。

この人、気にかかったか、腹がたったか、二度と来なかったと、和尚は話された。

この和尚に、私は若いころ心安くしていて、度々行ったが、私が遠くに住んでいたときに、天明（一七八一～一七八九）の初めの頃、遷化《せんげ》（高僧の死去）されたのか、この寺で亡くなられたということである。年月は知らない。

あの羅漢仏等の堂の新建の思いは止んでしまって、あの堂の二組の獅子頭は、上小松《かみこまつ》の大光院、置賜《おきたま》の観音堂の建て替えに用いられたとのことである。あの羅漢仏たちは、仏壇

または位牌壇《いはいだん》に置かれていたが、大きい仏で席ふさぎなので、だんだんとあちこちへほしいという所へやったということである。残った仏たちは、前にある観音堂へ入れて置いたようである。

このような変わった僧もあればあるものである。

＊1　**羅漢仏十六善神《らかんぶつじゅうろくぜんじん》**　仏教修行の最上の位に達した十六の善神。
＊2　**引導**　衆生を導いて悟道に入らせること。また死者を済度する儀式。
＊3　引導の経文の表記は原文のままとした。
＊4　**勧化《かんげ》**　仏の教えをすすめること。仏寺の建立・修理などのために、人々に勧めて寄付を募ること。
＊5　**悟道**　仏教の真理をさとること。

二十四　草《くさ》の岡洞昌寺《おかどうしょうじ》のこと

常安寺《じょうあんじ》の雷什《らいじゅう》和尚が話された話である。

草の岡の洞昌寺は、少し山の上の東向きにあって、南向きの楼があり、下長井は言うにおよばず、郡中を見渡せ、とりわけ風雅人などの好む楼である。檀家《だんか》もかなりあって、納所《なっしょ》暮らしもできて（豊富な施物で暮らせて）、多くの僧が望む寺とのこと。

そうしたところ、雷什が若いころのことだが、この寺へ入院して来る坊主が半年も住まないで、病気と申し出て退院した。また別の坊主も一年もたたずに退院、あるいは二か月や三か月で出て行く者もあった。

その頃の世間の話に、夜な夜な化け物が出てくるなどとうわさになって、住職の僧もいなくなり無住になった。しぜんと寺の修理も滞って荒れ果て、森には梟《ふくろう》が鳴いて、庫裏《くり》は狐のすみかとなってしまった。

その頃、ある寺に江湖《ごうこ》の時（参禅で集まった時）、雷什のかねてから親しい瑞元《ずいげん》という友と一緒だった。

寝物語りに、この者の師匠が洞昌寺を半年ばかりで退院したことについて、

「なにか怪しいことでもあったのか。世間では、化け物が出てくるなどと、いろいろとうわさしているが。そなたもなにか見たのか」

と尋ねた。瑞元は、

「自分も師匠に付いて半年ばかりいたのだが、自分や召使いなどには、何にも変わって見

えることもなかったが、なにか夜中に変わりがある様子なのだ。もっとも、毎夜のことだとも聞かない。このため、住僧がいないのではと思われる」

と語った。

そして、雷什は、その頃どこの寺におられたのか、この寺に移ることを望まれた。このことが禄寺《ろくじ》（住職の任命権がある寺）に届いたので、順序等にかかわらず、まずは当分の間の入院を許された。その当時、雷什は二十三四歳の頃だったとのこと。

さっそく入院して、日も経ったが、なんの変わったこともなかったので、「前にいた僧たちは何の理由で退院したのだろう」と思った。

やがて、五六十日過ぎてのことだという。眠蔵《めんぞう》（寺の寝室）も破損していて寒いので、仏壇の次の間に寝ていると、ある夜、枕元になにやら物の気配らしいものが聞こえたので、目を開いてみると、幽霊である。その姿、どこまでもやせ衰えていて、火箸《ひばし》に目鼻のたとえのようで、目ばかりが大きくて、なにか物でも言いたい様子で、ただただ恨《うら》めしそうに雷什を見ていた。

雷什は、なんとなく心ぼんやりとして、夢うつつのようになって、しばらく目を閉じて、心の中で経文を唱え、心を静めて目を開くと、幽霊の姿はなくなっていた。雷什は怪異なことだと思って、狐狸《こり》の類いでもあるのかと、手燭《てしょく》を灯《とも》して跡を見たけれども、なんの変わったこともなかった。

そうしているうちに、八声《やこえ》の鳥（明け方に度々鳴く鶏）が鳴きわたって、夜はほのぼのと明けていった。

雷什がつくづく思ったのは、「これは、自分の心の迷いから心がそうなるので、つまり心が納まっていないからで、残念だ。また今宵《こよい》も来るのだろうか、もう迷わないぞ」と、なおなお心を静めて寝ていたが、なんの変わったこともなかったので、結局は自分の心の迷いだと自分を納得させた。

十日ばかり過ぎて、夜中、なんとなくひっそりとして寂しいところに、その夜は月の光がさしこんで、寝間も明るかったのに、以前の幽霊が突然あらわれた。よく見れば、坊主の幽霊で、そのやせ衰えていることは以前よりも甚《はなは》だしかった。目を見開いて、物恨めしそうにして立っていた。

雷什は、声を荒らげて、

「汝《なんじ》、どうして餓鬼道《がきどう》に堕《お》ちて苦しむのだ。どうして私を恨む相をあらわすのだ」と、声高に言ったところ、餓鬼は答えることができずに、しおしおと仏壇のうしろへ消えてしまった。

雷什は、なおなお怪異なことに思って、「さては、このために前の住職たちは退院したのか、なんとも怪異なことだ」と思いながら、口外もしないでいた。

その頃、高瀬八兵衛のところに法事があった。法事の式も済んで、やがて膳《ぜん》も終わって、茶話になったとき、雷什は、

「この寺で怪しい死に方をした僧でもあったのか」

と尋ねた。

八兵衛は、

「二十七八年前、何とかいう所から当所へ、しばらく監寺*1として来られた僧がありました。以前から自制心のなくなる性格の人で、ある夏の日、若い者と川原へ水浴びに行かれ、淵に沈んで溺死《できし》されました。四十足らずの僧だということでした。いろいろのうわさでは、河童《かっぱ》に取られただの、大きな亀のこ（亀）に引き込まれただのと、いろいろの悪い話があって、気の毒な僧でございました」

と語った。

雷什が心に思うには、「さては、夜な夜なの怪異は、この坊主が餓鬼道に堕ちて、今もその苦しみを免れないでいて、一遍《いっぺん》の回向*2でも受けたいと、迷い出たのであろう」と。

それから暇乞《いとまご》いして寺へ帰り、その夜も例の寝間に寝た。やがて丑三《うしみ》つ頃（午前三時頃）になろうとするころ、なんとなくぼんやりと眠るともなくいると、またまたあの餓鬼

が突然あらわれた。

　雷什は目が覚めたように、

「汝に血脈*3を授け、仏果を得させよう。これから七日ばかり過ぎてから来るように。その前に来てはならない」

と言うと、餓鬼はそのまま見えなくなった。

　それから血脈を用意することができたので、仏壇の前へ壇を飾り、待っていたが来なかった。

「さては、仏前を恐れて来ないのかもしれない」と、翌日の夜より例の寝間に壇を飾って、香や花を供え、燈火《ともしび》を消して待っていると、やがて七つ時分（午前四時頃）と思う頃、以前のように餓鬼があらわれた。

　ところで以前、師匠が、

「幽霊に逢うことがあっても、けっして言葉を交わしてはならない。顔を正面にして見合ってはいけない。物を与えようとするときは、直《じか》に手で渡してはいけない。幽霊の手はとても冷えるものである。もしさわったときは、その冷えを除くことはできない。それで長い箸を使って渡すのである」

と申されたことがあった。それで長さ二尺（約六〇センチ）ばかりの萩《はぎ》の箸を用意して、壇に上げておいた。

雷什は起き直って、

「いま、汝《なんじ》に仏祖の血脈を授けるものである。この効力を以って、すみやかに餓鬼道を免れて、仏果を得よ。［餓鬼に向って引導あり。仏語なので略す］喝《かつ》」

と、高声を発して血脈を箸がらみ投げ付ければ、餓鬼は押し頂いて、火箸のような手で合掌して、頭《こうべ》を垂れて三拝した。雷什も合掌三拝すると、餓鬼はにわかに柔和な象の目のような顔つきになって、仏壇の後ろへと消えていった。

雷什は、仏壇の燈火をつけ、手燭をもって、傍にあった竹べらを取って、仏壇の陰、位《い》牌壇《はいだん》の上、そこここを叩きながら見たけれども、別に変わったこともない。もしや、狐狸のしわざでもあるかと、戸や窓を見たが、壁の破れや窓の隙間《すきま》もなかった。

それから餓鬼は来なかったが、兼ねてから親しい友達の三四か寺の僧を招いて、あの非業の死をした監寺の施餓鬼懺法[*4]の供養をして、仏果に至らせた。それからは、怪異なこともなくて、住持《じゅうじ》（住職）も居付いたということである。

この話は、常安寺の檀家の酒井新左衛門のところで法事があった時、雷什和尚が来て、直に話されたので、偽りではないだろう。私はその時若年で、給仕に行っており、お聞きした老僧の直談をここに書き綴《つづ》った。怪異なこともあればあるものである。

＊1 **監寺《かんす》** 禅宗で、住職に代わって寺務を監督するもの。
＊2 **回向《えこう》** 仏事を営んで、死者の冥福を祈ること。
＊3 **血脈《けちみゃく》** 師から弟子に法燈が受け継がれていくこと。
＊4 **施餓鬼懺法《せがきせんぼう》** 飢餓に苦しんでいる生類や無縁の亡者に飲食をほどこし、罪を懺悔する法会。

二十五　浅間五右衛門、勇力《ゆうりき》のこと

私の町内（猪苗代町《いなわしろまち》）の御扶持方衆《おふちかたしゆう》（米沢藩の下級家臣団）に、浅間五右衛門という者がいた。大力量で、どれだけ力があるかわからない。隣の家の兄の吉田一無《いちむ》が、ある秋、庭にある大木の柿の木によく色づいて下枝に熟した柿が生《な》っているのを、竹竿《たけざお》でねらいすましてもいでいた。

それを五右衛門が見て、

「手でもぎなさったら」

と言った。一無は、

「これが、手が届くものか」

と言うと、五右衛門は、軒に立てかけてあった二間梯子《にけんばしご》の丈夫なのを取り出して、

「これに乗りなされ」

と、六尺（約一八〇センチ）ゆたかなたくましい兄を梯子の先へ上げて、自分は梯子の元を抱えて差し出して、「そこだ、ここだ」と言って柿をもがせた。

大兵《だいひょう》（体が大きくてたくましい）の一無は、体の重さも普通でないのに、二間梯子の上へ載せて差し出した弟の勇力に、兄の一無は感心し、恐れたということである。

このことを折に触れて一無は語っていた。〔但し、この五右衛門は、今の五十人頭の浅間五右衛門の祖父である〕

二十六　吉田一無《いちむ》、弟の浅間五右衛門を捕り伏せること

私の町内に、先年正月、若い者の内に年重の祝い*1があって、ある夜、若い衆たちが招かれた。みんな大酔いして、あっちにこっちにと倒れてしまった。

あの浅間五右衛門は、脇差《わきざし》ごと火鉢へ倒れかかっていたので、亭主が親切に、心地よく寝させようと、そっとひき起し、差していた脇差を取ったところ、五右衛門はむっくと起きて、「何者め」と言いながら酒乱になって、かたわらの燭台《しょくだい》を持って、微塵《みじん》になれとやたらに叩き立てて荒れまわった。

座敷中が暗闇《くらやみ》となってしまって、家の中の婦女子は言うに及ばず、友達たちも外へ逃げ出した。若い者たちが二三人で押さえようとすると、振り投げられ、寄り付きようがなくて、みんな外へ逃げ出した。

そして、兄の一無《いちむ》のところへ走って行って、こうこうと告げると、一無はすぐに来て、

「脇差は差しているか」

「いや、脇差は取ってほかへ置いてあって、無刀だ」

と言えば、

「それならば」と、一無は暗闇になった茶の間の戸を開けて入っていった。

待っていた五右衛門は飛びかかって、むっと組み付いたところを、一無は、捕ったと投げ打つと、五衛門の足が火棚へ当たり、縄が切れて、火棚が落ちて釜《かま》の蓋《ふた》がこわれて、すさまじい音がした。

五右衛門は、組み伏せられたとき、

「兄か、兄か」

と言った。

五右衛門は酒乱となりながらも、自分をこのように投げる者は兄ではないかと、はっと思い、酒乱が覚めて本性になった。

体の大きい弟の五右衛門を取って投げ、五右衛門の足が火棚に当たって、取って組み伏せた一無の修練の早業、日ごろは兄弟仲の大変よい弟だけれども、それを捕えに向ったその場の猛気の活発なこと、日頃の嗜《たしな》みといい、ほめない者はなかった。

愚老（私）は、この五右衛門を覚えていない。一無は、天明四年（一七八四）正月二十九日の死で、病死である。五右衛門は若死にで、人々は惜しんだとのことである。また、五右衛門が壮年のころ、大蛇を見たという説[*2]があるが、その話は自分は聞いていない。強力業《ごうりきわざ》のことばかりである。

＊1　年重《としがさね》の祝い　厄年の男女が、二月一日に再び正月祝いをして、歳を一つ余分にとったこととする風習。

＊2　大蛇を見たという説　『怪譚雨夜の伽』の巻四に「朝日沢大蟒《おろち》」として、浅間五右衛門と大蟒の話がある。

二十七　火付けばばのこと

私が幼年のころ、祖父の噺《はなし》に、何年何月であったか、年月は忘れたが、ある夜、二の丸にある法音寺《ほうおんじ》より出火、御丸内《おんまるのうち》（城中）なので大騒ぎになった。

祖父もかけつけ、御堂へ上がって、大勢で防いでいたところ、風向きが悪くなって御堂の全体に火が吹きかかって、火気がさかんに燃えあがった。大勢の者たちはたまりかね、命も危うい状態になったので、しかたなく下りようとしたところ、だれが命じたのか、梯《はし》子《ご》がはずされていた。高い棟から飛び下りることもできず、大勢が大声でわめいたところ、だれであったか、二三人が梯子を持ってきて掛けてくれたので、大勢はどやどやと下りて、危うい命が助かった。

そうしたところ、風がおさまって、火勢が弱まり、御堂、御本城は御無難で悦《よろこ》ばしいことであったが、まことに危ないことであったとのこと。

そうするうち夜が明けて、御門が開いて、皆も退散して、祖父等は法林寺の二枚橋まで来て、ふり返って見ると、またまた御城の方に煙が全体に上がっていた。怪しいと見るうちに、煙も細くなったので、法音寺の焼け跡の煙だろうと、戻りもしないで帰宅したところ、御城代宅[*1]が消失したということだった。

法音寺は、付け火（放火）ということで、御吟味《ごぎんみ》（取り調べ）となり、法音寺に召し使われている十三四の野郎（若い者）が、町奉行所で厳しい責めにあった。苦しんでいたところに、だれかが、「はやく、私が火を付けましたと申しあげれば、幼い者の考えなしのこと、かわいそうとお思いになられて、お責めは許されるだろう」と教えた。その野郎は、そのように申したところ、牢に入れられ、火罪（火あぶりの刑）になったということである。

それなのに、御家中（上杉藩の藩士の家）の所々で付け火が止まなかった。見回りの者を多数お差し出しになり、大いに警戒した。

そうしたところ、その頃、家中《かちゆう》のあちこちで雇われていた六十ばかりの洗濯婆が、とりわけ二の丸の寺院に長くいたのだが、所々の付け火はこの婆の仕業だという噂《うわさ》が聞こえてきて、厳重に責められたところ、ついに白状した。

御家中そのほか御丸寺院方《おんまるじいんかた》が、すべてお目をかけてくださって、洗濯婆としてお出入りさせていただいた方々様へおおかた火を付けたことを白状した。そして、

「先だっての法音寺の火事も私が付けましたのに、罪もない野郎をお責めになり、ついに火あぶりにしたのは、むごいことをなされました」

と言ったとのこと。

　この婆が白状した中に、

「柿崎様ではお目にかけてくだされて、たびたびお招きくだされた。ある夜、御正家（主《おも》家《や》）とお倉の取次廊下《とりつぎろうか》へ火を付け、気持ちよく燃え上がったところに、社の杉から大鳥のようなものが飛んできて、燃え立った火を蹴散《けち》らし、私をつかもうとするので、逃げると追いかけてきて、もうつかまれるというところを、かろうじて街道へ逃げ出すと、大鳥は元の社の杉へ上がりました。あのように恐ろしい目に遭ったことはなかった」

と申したとのこと。その時分は、柿崎殿の暮らし向きはよろしかったとのこと。

　あの婆のお裁きが下りた日、祖父が東町へ行きかかり、櫓《やぐら》のところであの婆が通るのを見たのだが、見物人が群衆して、両側にびっしりと押しあっていた。あの婆が櫓のところから東へもじる（曲る）とき、あとを振り返って、からからと笑った。

「ほほう、人は生れより終わりというが、おれがむかさり（婚礼）のときは、これほどの人ではなかった」

と言うと、見物の人々が聞いて、

「さてさて、にっくき婆め」

と口々に言ったとのこと。

　この婆、身元はどこの者であったのか、私が幼年のときの祖父のむかし語りなので、身元のことは聞かなかった。女として大胆な者もあるものである。

ある人が言うのには、柿崎殿で社より大鳥が飛び出たというのは、柿崎殿のところには、以前から薬師の社へ越後の米山の天狗が往来するという言い伝えがあって、「火を跳びちらし婆をつかもうと追いかけたのは天狗であろう」と、柿崎殿が申したということである。

＊1　**御城代**《ごじょうだい》　米沢藩では、執政《しっせい》と呼ばれる奉行（家老）とは別に、城の内外の警備を掌《つかさど》る者をいう。侍組から任命された。

［参考］『米沢里人談』下に、放火の罪で姥が焼かれるとき、以前の法音寺の放火は、火罪になった小僕《しょうぼく》の与四郎ではなく、自分だと懺悔して言ったという話がある。本書「解説」を参照。

二十八　国分何某《なにがし》の嫡子、水女を切ること

国分何某の一男に、織之丞[*1]という者がいた。生まれつき美童で、友人たちより勝ってお

り、第一に読み書き手習いに精を出し、生まれつき素質があり、万事が幼年とは思えない若者であった。

それなのに、柔弱なほうで、おとなしすぎると言ったほうがよく、春山の花見や摘み草に友だちが誘ってもその気になれず、近所の夏の夜祭りなどにも行かずに、ただただ家に静かにいて、書籍だけで日を過ごしていた。両親は、野山や川狩り（魚釣り）に行くことをしきりに勧めたけれども、いっさい気が進まなかった。

十七八歳のころ、労症《ろうしょう》（肺結核）の様子に見えたので、薬を用いたが、はっきりとした全快の様子もない。ただただ、物の騒がしいのを嫌い、静かなことを好むので、これは労症の病である。

二十三歳の春からなおなお重くなって、食べ物や薬は言うまでもなく、祈願などまでもして、出来るかぎりのことをしたが、とくに効き目もなかった。両親は、たいそう心配し、なんとか気を引き立てたいと思い、あれこれと言ったけれども、食事もだんだんと細くなった。親しい友だちを招いて、いろいろ気を引き立てるのだが、かえって退屈してしまい、家の中の炉端《ろばた》にいるのも嫌になって、ただただ居間へ引っ込んで、戸を閉めてしまう。友達たちが誘いにきても汗ばんでしまうので、それからは友達たちも遠ざかってしまった。

幼い時から育ててきた乳母《うば》が言うのには、

「小旦那（若旦那）様は、なにか気のふさぐようなことがおありのようで、夜々のお寝言、この間は何度もありました。ご心配なことです。なにかご心配なこともおありなのでしょうかと、深くおたずね申し上げましたが、そのようなこともいっさいお話になられません。無理にお尋ねしても、いやいやとばかりで、お答えになられません。が、だれか夜中にお相手でもいて語りあっているようで、なんとも気がかりなことでございます。この上は、日頃のご懇意のお友達に頼んで、是非ご心中をお尋ねになってください」

と、涙を流して話した。

両親は、乳母の親切な言葉はもっともだと思い、とりわけ仲のよい幾之進《いくのしん》に頼むと、「十分心得ました」と答えてくれた。

ある夜、幾之進が部屋に入り、織之丞に、「なにか心にかかることでもあるのか」と尋ねたところ、「とくに心にかかることなどない」と言ったが、翌晩も、同様に尋ねたところ、同じように「いっさい心がかりなことはない」と答えた。幾之進は、「いやいや、こうまで懇意の友に何を隠そうとするのだ。ぜひ話してくれ」と深く尋ねて言った。

すると、織之丞は、次のように話しはじめた。

こうまで親切な友に、今は何を隠そうか。去年の八月下旬のころと覚えているが、日中よりは夜に入ったほうが、とりわけ気分はよいので、そのあいだ門前の川端にたたずんで、川の上下《かみしも》をながめていたところ、土手の並木の松の風のさわさわという声が、なんとなく身にしみて気味わるく、背中に水を注がれるようで、体中が寒気立った。またまた風邪でもひいたかと、家の中に入ろうとしたところに、上の方から川端にそって、年頃十六七と思われる顔かたちの美しい女の人が来て、物も言わずに自分になれなれしく取りすがった。

自分の見知らぬ女なので、

「どちらの」

と問うと、女は答えて、

「私はお城の南の方の者です。深い訳があって来たのですが、ここは人目もあるので、物陰でお話申し上げましょう」

と言う。

それならばと、自分の居間に引き入れて、「何事か」と尋ねると、

「自分は幼年から近い親類へ縁約（夫婦縁組の約束）があって、すでに夏中の婚姻のこととなりましたが、私はどうしたことか、先方へ嫁入りすることが、どうしても嫌になりました。病気だの何《なん》の彼《か》のと、ちょっと逃れの日延《ひの》べ日延べにいたしましたが、止めること

もできず、しかたなくありのままに話しましたところ、両親たちは驚かれて、訳ある親類のことなのだからと、朝に夕にご意見をなさるけれども、とても納得できません。

それからは、伯母をもって、いろいろすかしたりさとしたりなさったけれども、どうした因果《いんが》でしょうか、どうしても承知できません。伯母もしかたなく、このことを親に話し聞かせたところ、もともと律義で強気の父上は大変お怒りになって、「これほどまでの深い意見や教訓をも聞き入れない不幸不届き者なので、手討ち（目下の者を手ずから斬ること）に」などと申されました。

誠に両親への不幸、親類へ対して申し訳の言葉もない私なので、手討ちになろうとも、少しも無理とも恨《うら》みとも思いません。命は露ほども惜しみはいたしませんが、それでは両親に対し、不幸の上の不幸、または、短慮不覚な父などと世間のあざけりもあっては、いよいよもっての不幸なので、とにかく自殺と覚悟を決めました。

が、これまた父の家をけがし、あられんざま（あられもない様子）を両親にお見せしてしまうことは、不幸の上の不幸。しかしながら、どうにもこうにも思いとどまることができなくて、どこかの川へでも身を投げるよりほかないと思いきわめて、家出いたしました。ああ、なんとかお情けを」と。

顔を上げることも出来ずにさめざめと涙にくれて臥《ふ》ししずむその様子は、まことに、春の桜の楊貴妃《ようきひ》に露をそそいだような顔《かんばせ》も、にわかに変わる秋の空、露を頼みとした朝顔が日陰にしぼむようなその風情、なににたとえよう言葉もなく、泣く泣くともにうち臥して、その睦言《むつごと》（むつまじく語りあう言葉）の長い夜もはかなく恨む鐘の音は、恋の嘆きとも聞こえ、木綿付《ゆうづ》けの八声《やこえ》の鳥（夜明けを告げる鶏の声）が東雲《しののめ》の空に鳴き渡ったので、明日の夜を約束して、名残《なご》り惜しそうに女は出て行った。

さあ、それが逢う夜のはじめで、短い秋の暮れる日も遅いと、待てど暮らせども、恋しい人の影もかたちもなくて、虫の声もつれなく、恨めしいと、その夜はひとりで寝たけれども、眠ることもできない片枕（一人寝）、寝室のともしびの影も細く、心も細く、うつうつとして、寝ても起きても忘れられない。

このようなこととは、両親は知らぬが仏、神よ、鍼《はり》よ、灸《きゅう》よと言って、こころを煩わせてしまうことを申しわけなく思いながらも、これまた一時《いっとき》も忘れられない。先立つものは涙ばかり。せめて一夜の夢にだけでも逢えることがあるならばと、それが思いの種となって、人はそういうことも知らないが、白雪の積もり積もっていくような物思い、冬も過ぎていって翌年の光ののどかな春の空、山のふもとの雪解けに川瀬の音は増さっても、心は雪のように解けないで、女のおもかげに、迷う心の恥ずかしさよ。

それはだれかという黄昏《たそがれ》どきに、また川端にたたずめば、土手の松風がさわさわとして、吹いてくる風に、川波がとうとうと立っていて、なんとなく心が溺《おぼ》れるようなおもかげに浸っていると、以前の恋人が現われて、物も言わずにたたずんでいる。

ときおり通る人の目をはばかって、すぐに居間へ引き入れて、燈火《ともしび》を照らすと、その女は燈火を消して、ただきめざめと泣いている。

自分は女に尋ねた。

「別れて以来便りもない。そなたの心は知らないが、白雪が積もるような思いは堅氷《かたごおり》のよう、どんなに恋しかったか。ある夜は恨み、或夜はひとり託《かこち》に（こぼして嘆いて）臥せって、そなたの居所も親の名も知らないので、だれに尋ねる方法もなかった。

もしや川へ身を投げたなら、浮かんでくる淵瀬もないだろうと、不憫《ふびん》だ可哀そうだと涙にぬれる袖袂《そでたもと》、枕のほかに知る人もなく、泣いて暮らした我が思いに、そなたの思いが通ってきて、逢うことができたうれしさよ。さて、そなたは何所の、親御はだれ」

その女は、

「これほどまでに深いお情け、今は何をか隠しましょう。私は身元もあらぬ荒川の[*2]、親の名や家も知らない白波の、なみなみならない深い瀬の深い思いから出たので、父もなければ母もありません。ただただあなたをのみ恋いこがれて、頼る者もない私の身の上、消える命は葉の上の露のようなもの、深い契《ちぎ》りも水の泡のようなもの、不憫とお思いになってください」

と、顔も上げずに泣いている。

さあ、それからは、毎夜毎夜通ってきて、ことに雨の夜は欠かさず来た。このことが、もしや家の者に知られ、世間へ漏れたならばどうしようと、自分ながらも恐ろしくて、

「これからは、まれに（たまに）」

と言うと、女は恨めしそうに涙にくれて、ものも言わずにしおしおと帰って行く。

その後は、なんとも夕闇が恐ろしくて眠ることもできない。それからは四方の戸障子を閉め切って、燈火を明るくして寝た。

が、やがて真夜中頃とも思われるころ、寝間の燈火が消えて、あの女が突然枕元に現われて、涙ながらに泣き口説《くど》くので、宵《よい》には疎《うと》ましいと思っていたのに、また引かれる恋の情、いなにはあらぬ稲舟の積[*3]もり積もりし言の葉（いやではない稲舟に積もり積もった言葉）も、夜どおし尽きない。

そのように名残を惜しみながらも、それが余って今では、又も来るのではないかと気味が悪く、そのおもかげが恐ろしく、少しの間も忘れることがない。もはやしぼんだ夏草の露よりもろい玉の緒のように、今日か明日かと覚悟のところである。今さら語るのも恥ずかしく人にあわせる顔もない物語だ。決して人には言わないでくれ。

織之丞は、涙でいっぱいになりながら言った。

幾之進は聞いて、

「さてさて、それはもってのほかのことである。何にしても私に任せてくれ」

と言って、それから両親と伯父弥惣次《やそうじ》へ相談した。

そして、幾之進が織之丞に言うのには、

「その女は本当の女ではないだろう。狐狸の仕業であろう。今宵《こよい》は、そなたの寝間に私が変わって寝てみよう」

と。その夜は、織之丞は次の間に寝た。

幾之進は、枕元に一腰《ひとこし》（刀）を備えておいて、わざと燈火を消した。やがて八つ半（午前三時）過ぎになっても何事もなくて、ついに夜が明けてしまった。

幾之進が、

「あの女、本当の女ならば、戸障子が閉まっているので、入ることはできない。化生《けしょう》の物（化け物）の正体を見ようと、私が代わったならば、来なかった。だから、今宵はそなたが心を丈夫に立て直して、女が来たら、討ち果たせ。我々が次の間にいて、加勢をしよう」

と言うと、「それならば」と言って、織之丞が父に、

「私の刀は、扱いにくい刀ではありませんが、こういうことには、腰物の徳（刀の位やご利益）ということもあるということですから、今宵は、お使いになっている長差しをお貸しください」

と申した。父は聞いて、

「よく申した。たやすいことであるが、士が刀を選ぶということは、敵陣に向って、一所懸命の場になって大きな働きをするため、また、名のある甲冑《かっちゅう》を着ている者を討つには、名作でなくては簡単に斬ることはできない。このためにこそ、名のある刀を好むのである。どうして、狐狸のために代々の刀を汚そうか。たとえ名のある刀でも、そなたの根性が弱くては、用に立たないだろう。ただただ、心を丈夫にして、そなたの差している刀で討ち果たせ」

と言った。

　織之丞は、

「ごもっともの仰《おお》せです。きっと心得ました」

と言って、その夜は自分の寝間に寝て、今か今かと待っていると、世間人静まって（辺りは寝静まって）丑三《うしみ》つ頃（午前三時頃）とも思われるが、なんとなくもの寂しくて、庭の流

れのしょろしょろ音が身にしみて、心がとりとめもなくいると、あの女が枕元にあらわれて、いつもより麗《うるわ》しい風情で、物も言わずに、ほそほそ笑み*4をして、織之丞によれかかる。

織之丞はまたまた言葉をかわそうとしたが、「ここだ」と、気を立て直し、「南無八幡《なむはちまん》」と、ただ一討ちに斬りたおす。

その騒ぎに、あっ、あぶないと驚いて、伯父の弥惣次と幾之進は手燭《てしょく》をもってかけつけ、障子を開ければ、これはどうしたことか、寝間いっぱいに水があふれ、すでに織之丞は溺れようとしている。幾之進が四方の障子を開けると、水はたちまち流れ出て、元の寝間となった。

織之丞は夢から覚めた心地がして、ただ呆然としていた。それから家の者たちが介抱して、濡れた着物を着せかえ、大火《おおび》を焚《た》いて暖めたので、気分が引き立って、明けの朝日に向うような心地がして、しだいに食事も進み、なおなお気分が引き立ち、なんの差し支えもなかった。

それからは、友達たちと交わり、今日は花見に、明日は川狩りに、夜祭りに、相撲《すもう》にといって、書籍のことは次にして、歩行を先として、山に草臥《くたび》れ、野に疲れ、いよいよ食事が進み、鉄壁をも破ろうとする勢いで、武芸に励み、学問に勤め、妻を迎え、両親に孝養をつくし、家内の者の安心は言うに及ばず、一家一類まで親しくして、めでたく家は富み栄えたということである。

ある人が言う。

織之丞はうまれつき気質がおとなしくて、幼年より書籍や学問以外に他のことをするということがなかった。十三四歳のころより労症（肺結核）の下地があって、昼の騒がしいのを嫌い、夜の静かなのを好んだ。友達が誘いに来てもかえって退屈し、汗ばむようになり、このため多くの人と交わることを嫌って、一家一類の吉凶事（冠婚葬祭）や振舞いごとなどにも行かなかった。ただただ静かにして、独りでいることを好むということは、労症という病気のせいである。

陽《よう》の気がしだいに盛んになってくる頃より引きこもってしまって、陽の気が引き立たずに、精神は陰《いん》の部分になって、水気がますます盛んになって、日々夜々に陽気を失うために、水気の凝り固まったものが女の姿になって、織之丞の虚につけこんでいろいろのことをしたのだろう。女の顔かたちが美しいのも、たおやかなのも、恋慕のくどきの数々も、みな自分の心がしたことであろう。どうして、水女に心があろうか。気だけであって心はあるはずがない。

夢に、虚夢《きよむ》あり、臓夢《ぞうむ》あり。また、霊夢《れいむ》ということもないでもない。たとえば、腎の弱い者は、心火《しんか》（激しい感情）が高ぶるので、必ず火の夢を見ることが多い。また、胸中に何か気がめいること、または何か大変苦労したことがあると、かならず取りとめもないことを夢に見るものである。

あの女が夜々来たというのも、自分の陰の部分の心の隙《すき》に、水気が同気を求めて、その虚に付け入って、怪異なことどもがおこったのであろう。

そして、織之丞の精神がまだ残っていて、女を斬ったということは、陽気が少しは残っているところに、傍らから勇気を補ってくれたので、陽気を得、闊達《かったつ》になったので、凝り固まった陰気が打ち砕けたのだろう。

これがすなわち、むかしより言い触れられている水女というものであろう。陽の気が出て来たのにともなって、長年の積もった薬の効能、諸寺諸山の祈禱などが一堂に調《ととの》って、次第に快気したものであろう。

危ない、危ない。このような怪異なことは、むかしより言い伝えられていることである。怪異なことがないとも言い難い、一概に論ずることはできないであろう。

＊1　**織之丞《おりのじょう》**　『米沢地方説話集』では「織」を「鐵」と読み、「鉄之丞」と翻刻したが、「童子百物かたり」内における「鉄」の字の他の用例などに鑑みて、本訳では「織之丞」とした。
＊2　**身元もあらぬ荒川の**　荒川に掛けて身元もないという意味。
＊3　**いなにはあらぬ稲舟の**　『古今集』の「最上川のぼればくだる稲舟のいなにはあらずこの月ばかり」の一節。いな（否）と稲舟を掛けている。
＊4　**ほそほそ笑み**　微笑んでか。

二十九　浅間五右衛門、塩野村の小桜《こざくら》を投げること

塩野村に源吾という取り手（技）の上手な角力取り《すもうと》がいた。相撲名を小桜といって、大男で才能があり力が勝れていて、その上、手取り（技に巧み）で源吾に続く者はなかった。そのころ、上長井では、玉庭《たまにわ》の鞍木《くらき》、山上《やまかみ》の松風といって、上長井での関取りの親方株の者がいたが、小桜の取り出来には及ばなかったので、小桜が上長井で一番ということになった。下長井にも恐れる者がなかったので、北の方（城下より北）の若い衆は、大いにひいきして、名弘《なびろめ》（世間に披露すること）をしてやろうと、一生懸命にその準備にとりか

かった。入り用の品々を世話して、近々八月八日に名弘をすると決まった。

すでにあちこちへ知らせの使いをまわしたところ、南原に浅間五右衛門という大力の者がいて、夜角力《よずもう》（夜に行われた角力）では、原々[*1]はもちろん、城下に名の知られた者も、みなこの五右衛門に取って代わられ、鬼神のようにうわさされていたのを知った。

小桜が思うには、「ほかに恐れる者なしといっても、気になるのはこの浅間である。この人がたとえ鬼神であっても、一度立ち合ってみよう」と。

そのことを皆に話すと、

「もっともなことである。我々もそう思う。その上、五右衛門を投げるならば、これ以上のことはないだろう。しかし、五右衛門は、ならぶもののないほどの優れた勇ましい力の持ち主だから、簡単に投げることは難しい。だが、彼は力ばかりで手（技）は知らない。おまえの得意の手の前付《まえつき》（前褌《まえみつ》をとってする技）で、思うような取り手をするならば、どれほど強力の五右衛門だとしても、なんの難しいことがあろう。それならば、立ち会いは名弘の前がよいだろう」

ということになり、小桜もそれに同意した。

このことを夜角力仲間が、さっそく南原へ申し入れた。そのころは、夜角力が大いに流行していて、毎夜毎夜、六十在家《ざいけ》の皂壇[*2]に集まっていたので、「来る七月何日、皂壇へみな集まれ」と通達した。

そして、その日になると、今夜は皂壇で、南原の浅間と小桜の取組ということが、原々はもちろん、御城下そこここにいたるまで知れわたっていた。その夜は、笹野観音祭《ささのかんのん》りで夜合《よあ》い（夜の都合）もよい。皂壇には群衆して、広い皂壇にびっしりと人々が隙間もなく見物する。

さて、浅間へ原方の若い衆が言い聞かせるのには、

「小桜も大男で、勝れた力の持主である。その上、前付取りが得意であるから、さすがの松風もあのように投げ打たれ、鞍木はとにかく難しいことを言って取り合わない。そなたは少しも騒がずに芝（土俵）から押し出せ」

といって、口々に言い含めた。

もともと五右衛門は無口な者であったので、返事もしないで皂壇へ行ったが、原の衆も、

「取り手の上手な小桜は、前付が得意だから心配だ」などとささやいていた。

それより、前角力《まえずもう》が、西東入れ替わり立ち替わり、勝った負けたと花を咲かせた。それからしばらく休憩して、芝の外では大火をどんどと焚《た》く。

浅間と小桜の立ち合いになると、四方の群衆は、息を殺して見物する。行事が団扇《うちわ》を切れば、小桜は飛鳥《ひちょう》のごとく走りまわったが、五右衛門は騒がない。すると、小桜は得意の

前付に思うままに取り付いたので、北方《きたかた》（城下より北の百姓衆）では、してやったぞと力を添える。原の衆は、息を殺して固唾《かたず》をのんで見ているところに、五右衛門、小桜を取って引き寄せて、芝から外へ二間（約三・六メートル）ばかり投げ打った。

五右衛門ひいきの面々は、

「よいや（いいぞ）浅間、よいやよいや」

とほめる声、しばしの間やまなかった。

小桜はしおしおとして引き取ったので、北方の若い衆は介抱して、水を飲ませ、背中をなでさすって労《いた》わって、「今度もぜひとも前付で」などと言って、いろいろと力付けた。

やがて、小桜が芝に出かかると、ひいきの大勢は、

「小桜あ、小桜あ、小桜あ」

と、勝たないうちから呼ぶ声がやまなかった。

東の方から五右衛門が、のさりのさりと静かに立ち出でて、礼が終わって、立ち合い、行司が団扇を切れば、小桜は前付に思うままに組み付いたので、こんどは五右衛門もかなわないだろうと、皆々息をころして見物する。

北方では、得意げな顔で力を添える。たがいにしばらく揉《も》みあったが、五右衛門、小桜をぐっと引きよせ、目より高く差し上げて、芝中（土俵の中）を二回りして、芝の真ん中

へ、大地も割れよと投げたのは、むかし、平家が盛んだった頃、伊東の狩鞍《かりくら》（狩猟の競争）の宴で、諸大名の衆の角力の饗応《きようおう》に、大庭《おおば》の弟の俣野《またの》の五郎と川津《かわづ》の三郎の取組で、俣野を投げた川津の勇力《ゆうりき》もこのようであったかと、感心するばかりである。

五右衛門は、小桜を引き起こして、東の方へしずしずと入っていった。ひいきの原方、

「よいよ（いいぞ）、よいよ、よいよ」

と、しばらくの間は鳴りやまなかった。

さてまた、小桜は、二番手ひどく投げ打たれて、残念さが顔に表れていたので、北方の若い衆が介抱して労わって言うには、

「勝負は、その時の運もあるものだ。出来不出来は角力の常である。江戸の関取りというとも、下段の者に打たれることがある。けっして残念に思うことはない」

と、いろいろと力を付けて、引き立てて帰っていった。

皂壇での、今宵《こよい》の取合《とりあい》（取組）はこれまでにして、散り散りになって、四方へ帰宅していった。

さて、小桜源吾は、なんとも不気分でいたところに、若い衆が来て、「いよいよ、来る八日、名弘」のことを知らせると、小桜はいっさい気が進まず、「まずは、今回はお控えいただきたい」と言った。

それでも、「最早、それぞれ用意ができて、諸方への使い、立札などの手配までできているることなので、ぜひとも八日」と言ったけれども、小桜はいっさい気が進まなかった。しかたなく日延《ひの》べして、来月節句《せっく》ということに決めた。

それでもやはり、小桜は、「名のある角力取りにならば、打たれても仕方がないが、素人の武士にやみやみと（やすやすと）二番打ちつけられては、なんの面目があって、名をひろめようというのか」という思いを止めることができなかった。

そして、名弘のことは取り止めになり、それからは、きっぱり角力を止《や》めたということである。

お国の角力取りともなっただろう者をと、人々は小桜を惜しんだとか。

また、この五右衛門は、御用にも立つほどの者だったが、惜しいことに、暑中に霍乱《かくらん》（暑気あたり）で若死にした。惜しまない人はなかったという。

＊1　原々《はらばら》　城下の外に配置された下級士族の住む地域の総称。南原、東原など。

＊2　皂壇《さいかし》　「さいかちだん」と呼ばれているところであるが、原本では、「十六　吉田藤助、夜中に野合で女に出会うこと」にも、「さいかし」とふり仮名がほどこされている。当時は、「皂壇」を略して、ただ「さいかし」と呼んでいたと思われる。

［参考］この皀壇という場所は、芳泉町の北はずれで、現在もおおきな皀《さいかち》の木がある。そこに立つ説明板によると、「松川の氾濫を防ぐために、土壇を作り、皀の木を植え、地蔵尊を祀った」という。「芳泉町、窪倉、吾妻町の接点丁字路のところで、米沢や山上方面、窪倉へと通じる交通の分岐点でもある」（『南原のあゆみ』南原郷土史編纂会）ということからも、各方面の人々の集まりやすい場所だったたと思われる。

三十　座頭金玉殺《ざとうきんぎょく》されること

先年、下長井伊佐沢村に金玉という座頭[*1]がいた。座頭の位をもらうために上京する心がけで、若いころよりあれこれ倹約して、少々の金を貯えた。その上、村の人たち、友人や親しい人たちから少しずつ援助を集めて旅費を作った。

盲目のことなので道連れという者もなく、ひとり杖を引いて、たどりたどり出かけた。二三日経って、大沢村に着き、日も暮れたので、宿を取って、鈴木甚八という者のところに泊まった。

この甚八は、前々から身持ちがよくなくて、博打《ばくち》をうって、とにかく農民なのに仕事もしない者だったので、ふと悪念が起こって、この座頭の有り金を奪い取ろうと思った。深夜、世間が寝静まったころ、甚八は、座頭が寝入ったところを脇差で、一討ちと切ったけれども切りそこなった。

するすると、座頭が言うには、

「少し待ってくだされ。命を取られることは仕方がないが、ここに少し願いごとがある。せめてものお情けに手をひかえて聞いてくだされ」と。

甚八が、「何事だ」と言うと、金玉が言うのには、

「私は、千人にも万人にもいない盲目に生まれたことは、前世からの業因[*2]と思っている。そうであっても、人間の生を受けたのだから、一度座位をもらって、盲目の役を遂げなければ、父母への孝行もできないと、若い時より辛い苦労をしていくらかの金子《きんす》を貯えて、人々の慈悲や情けの合力で調達して、すでに上京の計画を立てた。その甲斐《かい》もなく、家を出て四日目にして、この金子のために思いがけない災難にあって命を取られることは、残念至極である。

自分は自分の業《ごう》で命を取られることなので、惜しくはないが、たくさんの慈悲や情けを水の泡にすることは、なんとも残念だ。自分は前の世の報《むく》いでこのような非業の死に逢うことになったので、少しも貴様に恨みはない。

そうは言っても、一樹の陰に宿り、一河の流れを汲むことも、他生の縁とこそいうだろう。[*3] それなのにこのような剣戟《けんげき》の（刃《やいば》での）死を遂げることは、仏神にも見限られ、その上地獄へ堕《お》ちて、どのような苦しみを受けることか、あまりに嘆かわしい。

貴様には少しも恨みはないとは思うのだが、このような非業の苦しみからあらぬ念《おもい》が起きて、闇路《やみじ》に迷って、そなたを恨み恨んでの怨念《おんねん》をいっときも忘れられない。その報いは、積もり積もって炎となり、あるいは大蛇となって現れ、あるいは剣となって、終にはそなたの命を取って、そなたは我が境涯の友烏《ともがらす》（仲間）、同じ闇路に来たれ来たれ。いっしょに闇路に引き入れて、いっしょに奈落（地獄）の苦しみをうけるのは、すぐ目の前で遠いことではない。

それで、そなたに一つの願いがある。他のことでもない、そなた自身が一とおりの回向をして、手向《たむ》けてくれたならば、その効力で私は仏果《ぶっか》を得ることができ、そなたの身にはなんの恨みも残らないだろう。そうでなければ、そなたを一日として生かしておこうか、危いぞ」と。

それを聞いて、いつもは不敵の甚八も気持ちが折れて、

「じゅうぶん懇《ねんご》ろに回向してやろう」

と言った。

座頭は、

「それならば、この文[*4]を、

〽こかねだま大《だい》たくさんでせっしょうす人はれいぼくはなはたのやつ

この文を毎朝、高声で唱えて手向けてくだされば、なんの恨みがありましょう」と。

そして、有明の夜[*5]はほのぼのと明けわたり、座頭の命は、大沢山の朝の露とともに草葉の陰へ消えて行った。

甚八は、座頭の懐《ふところ》から金を出し、死骸は沢へ捨てたけれども、座頭の執心や面影が身から離れず、自分の身の上も恐ろしくて、座頭の頼みのとおり、毎朝毎朝、高声で、

「こがねだま大たくさんでせっしょうす人はれいぼくはなはだのやつ」

と唱えた。

さて、この座頭が大沢あたりまで行ったことはわかったが、それからの行方が知れないので、上《かみ》においても（藩の役所でも）深く調べてくださったのだが、手掛かりもないので、ついにそれまでになってしまった。

さて、甚八は、座頭の怨念や面影が身に付いてはなれず、恐ろしいので、毎朝毎朝、高

声で回向していた。

翌春、この村へ勤務の役人が、あの甚八が毎朝高声で唱えている文《もん》を聞いて、甚八を召し捕り、厳重に取り調べたところ、ついに白状したので、御仕置《おしお》きになったということである。

ところで、この唱えた文は、すなわち犯人は鈴木甚八という文である。あの座頭は、残念さのあまりに、しばしの間にこのような文を教え、毎朝毎朝高声で唱えさせ、ついに敵《かたき》を取ってしまった。

盲目で刃にかかり、殺される苦しみの断末魔に、このようなことを思い付いたということは、つまりは、甚八の悪運の天罰であろうと、人々は言ったということである。

＊1 **座頭《ざとう》** 室町時代、盲人の琵琶《びわ》法師の官位で、いちばん下の位。頭をそった盲人で、はり・あんま・遊芸などをした人。
＊2 **業因《ごういん》** 苦楽の報いを受けるもととなる善悪の行ない。
＊3 **一樹《いちじゅ》の陰に宿り、一河《いちが》の流れを汲むことも、他生《たしょう》の縁** たまたま同じ樹の陰に宿り、同じ河の水を汲むのも、前世からの因縁によるものだ。
＊4 **文《もん》** 文章。呪文。経文。

＊5 有明の夜《よ》　月がまだ残る夜。原文は「何ンの恨歟有明の夜ハ」とあり、「恨みが有る」の意と「有明」の「有」を掛けている。

［参考］同じ話が、仙台に近い大沢というところの金玉塚にあり、菅江真澄の随筆でもふれられている。三原良吉『仙臺郷土史夜話』（一九七一年）。水野道子「金玉塚のいわれ」（『西郊民俗』第六十二号、一九七二年一二月）。

三十一　若林弥五左衛門のこと

本馬口労町《もとばくろうちょう》の若林弥五左衛門は、壮年の頃のある春、如月《きさらぎ》（旧暦二月）の半ばのこと、雪消えのころだったが、座敷の南の縁側の戸を開けて、たばこをのみながら眺めていた。春雨《はるさめ》がしとしとと降り出して、屋根が美しくぬれているところから軒に吊るした忍につ＊1たってくる軒の玉水《たまみず》（雨だれ）がはなはだしく、夕霞《ゆうがすみ》がなびきわたり、もの静かな夕間暮《ゆうまぐ》れで、いっしょに語らう人もあったらと、物さびしくぼんやりとひとりで眺めていた。

屋敷は、東の町辻《まちつじ》の西角で、杉くね（杉の生け垣）の小路であるが、東より西へ行く者があった。その男の大きいこと、腰は垣根の上にあって、蓑帽子《みのぼうし》をかぶって、形は覚えていないが、その蓑帽子の先の方は、垣根より二尺（約六〇センチ）ばかり上に見えていた。弥五左衛門は怪しいと思って、見送っているうちに、その男は、西の辻から谷地《やち》の方へ行ってしまった。どこから来た者ともわからない。暮れ時分のことだったと。天明（一七八一～一七八九）年中に、隣家裏の加地氏が話したことがあった。

＊1 忍《しのぶ》　ウラボシ科のシダ植物。鑑賞用として根茎をからみ合わせてしのぶ玉を作り、軒下などに吊す。

三十二　梅沢運平《うんぺい》と千眼寺《せんげんじ》の小僧のこと

梅沢運平は、窪田の千眼寺の和尚とは碁打ち仲間で、たいへん懇意にしていた。ときどき千眼寺に行って、四五晩ずつも泊まっていたが、そこに十七八の小僧がいて、その立ち回りがあれこれ小賢《こざか》しく、利発で、和尚の気に入りにみえた。

運平が、

「この小僧はどちらから」

と尋ねると、和尚は、

「これは、雲水《うんすい》の小僧で、去年の秋より入った者である。この寺に長く置いてくれるように言うので、置いているのだが、何を申し付けてもはかどり、たいへん仕合《しあ》わせ（幸い）である」

と話された。

寺には手習いの子どもを四五人置いているのだが、遊びで、小僧と筆で墨の塗り合いをしていると、子どもが付けようとするのを小僧はひらりと外し、子どもに付けるのは一度も外さない。子どもたちは、よくよくねらって、間《ま》をみて付けるのだが、どうしても、小僧の顔には一度も付けることができなかった。

小僧がかわす間《ま》、また子どもへ筆を入れる間は、自分もなかなかできないことだと感心して、小僧に向って、「私としてみよう」と、筆を取って、小僧の間へ打とうとするのだが、どうしてどうして、体をひねり、あるいはちぢめて、一つも付けることができない。小僧は、運平の顔には三四度墨を入れた。

運平は、あまりにも不思議に思い、

「どうやってこの間を得るのだ」

と言うと、小僧は、

「これには、唱えごとがございます。唱えごとさえできれば、心のままです」

と言う。

運平は、怪しいことだと思い、

「その唱えの文《もん》、私に教えてくれることは」

と言うと、小僧は、

「じゅうぶんお教えしましょう」

と言って、机に向かって何やら書いて、手を合わせ、呪文を唱えた。

「この呪文を、朝夕怠りなくお唱えなされたら、早い太刀打ちにあっても、間を外し、逃れることができます。しかし、この秘文《ひもん》は、やたらに人にはお見せにならないように」

と言って渡してくれた。運平はいただいて、「静かなときに、見て唱えてみよう」と言って懐《ふところ》に入れた。

和尚が「この小僧は、妙なことがいろいろある小僧です」と、次のような話をした。

去年の秋のことだが、この家中の内の何某《なにがし》が、柿の接《つ》ぎ木をよく育てて、去年の秋に初生《な》りし、二百余りもよく色付いて、明日、明日にも、もごうと言っているうちに、夜中に一つ残らず盗み取られた。残念さのあまりに、ここへ来て話していたら、小僧が聞いてい

て、

「その柿を取り返して上げましょう」

と言う。

　何某が聞いて、

「だれが盗んだのか知っているのか」

と言うと、小僧は、

「その人は知りません。呪《まじな》ってあげましょう」

と言って、机に向い、何やら書いて、手を合わせ、しばらく唱えて、

「これを大戸に張りなさい」

と、札を一枚渡した。

　何某は、本当のこととも思わなかったが、柿を取られたのが残念でしかたなく、札をおしいただいて家へ帰り、小僧が教えたとおりに、札を大戸に張った。翌朝起きて、大戸を開いてみると、これはどうしたことだろう、盗み取られた熟した柿が藁葛籠《わらかつこ》（藁や葛《くず》で編んだ籠）に入れられて、そのままに置かれてあった。

　何某は奇異に思って、すぐに寺へ来て、小僧にこうこうだと知らせて、礼を言って帰っていった。

ところで、あの柿を盗んだ二人は、同じ家中の者で、葛籠へ柿を入れて台所に置いておいたのを、夜中に見ると、柿ではなくて人の首であった。大いに驚いて、相手を呼んで、こうこうだと見せると、生々《なまなま》とした首である。

「これは只事《ただごと》ではない、きっと祈禱《きとう》でもされたのだろう、この首をどうしたらよいか、早く何某へ持って行って返すのがよい」

と、次の夜、ひそかに持って行って、戸の前に置いて帰った。

けれども、あまりにも怪しげな人の思いがかかっていることなので、

「とにかく、ありのままを懺悔《ざんげ》したならば、何某も憤りをおさえて許してくれるだろう。そうでなくて祈られでもしたならば、どんな災難に逢うかもしれない。もともと自分たちは、恨みなどがあってもいだのではないので、深く申し詫《わ》びたならば、堪忍《かんにん》してくれて、罪も逃れることができるだろう」

と言って、両人が揃って申し出て、深々とお詫びを言ったので、それまでにして済ませたことがあった。そのときは、だれもが怪異なことだと噂《うわさ》した。

さて、運平は家へ帰り、あの小僧がくれた秘文を取り出して見たけれども、経文のようで、読むことができなかったので、前々から親しかった鳳臺寺《ほうだいじ》の和尚のところへ持って行

って、「こうしたことがありました。これに仮名を付けてください」と差し出すと、和尚は手に取って、しばらく見て、「じゅうぶんに仮名を付けてあげましょう」と言って受け取ってそのまま置いておかれた。

その後、運平はたびたび寺へ行ったが、何のことも申されないので、催促すると、和尚は、

「そのことなのだが、あの秘文は切支丹《きりしたん》のいろはである。あれを唱えて習ったならば、何やかや不思議で奇妙なことなどがあって、面白くて止めることができなくなって、終《つい》には切支丹の宗門《しゅうもん》に入ってしまう。先日、あなたが持参してきて、渡されたらすぐに、火にくべてしまった。危ない危ない」

と申された。

その後、またまた運平が千眼寺に行ったとき、小僧が、

「先日の秘文、お唱えになられましたか」

と言うので、

「読めないところがあったので、鳳臺寺の老僧に、仮名を付けてくださいといって渡してある」

と言うと、小僧は、「それは」と言って、疑わしそうな顔でいたが、四五日過ぎて出奔《しゅっぽん》し

て、行方知れずになったとのこと。

切支丹宗門の小僧であったのだろうと、和尚は申されたということである。

三十三　陰火《いんか》を見ること

自分が若い時、福沢村に住んでいた時だった。夜中、一本柳村《いっぽんやなぎむら》の懇意にしている家へ行って、九つ時分（午前零時ごろ）まで話をしていて、帰るころは雨夜だった。五月雨《さみだれ》が降るとなく晴れるとなく暗い夜であった。

若い時だったので、提灯《ちょうちん》も持たず、満福寺前から福沢通りを、独りほくほくと（静かにゆっくりと歩いて）帰ってくると、行き先に焚火《たきび》が見えた。野道にはあるべきことではない。これは、夜に田に水を引くために火を焚いているのだろうと、見ながら行くうちに、四五間《けん》（八メートル程度）ほどで火は消えた。怪しく思って、そのあたりを見たが、火の跡もない。右の傍らの小さい塚に石地蔵が立っているけれども、別に変わったこともなく、そのまま家へ帰った。

その後、館《たて》の内の菓子屋の又右衛門の所へ行って、雑談をしているうちに、

「満福寺前の街道の福沢道の傍らの小塚に石地蔵がある。これは、むかし、ここで二人がけんかして、たがいに差し通して死んで、その者たちを埋めた墳《はか》（土を高くもり上げた墓）であるが、二人の執心が残っていて、炎となって怪しい火が燃え上がるので、地蔵を立ててやった。それからは、火の燃えることはなくなったが、今でもまれには見る者もある」という話があった。

それならば、自分が見たのも塚である。そうして、血のこぼれて染みた土には、雨夜などには、かならず燃えることがあると聞いたことがある。その夜も雨が少々降っていたから、狐火《きつねび》ではなく、陰火というものであろう。それで、石地蔵は苔むしているけれども、すすけて黒ずんでもおられない。

この火、人をおどそうとして燃えているのではない。地面に染みた血が湿気にあって燃えるのだろう。とくに怪しいことでもない。驚き恐れることでもない。陰火なので、風が吹いたり、また、人がたくさんどやどやと通ったりするときは、燃えることはない。燃えても、物が焼けることはない。また、昼に燃えることはない。かならず、雨夜の静かなときに燃えるのだろう。火に心はないのだ。

三十四　うそこき名人のこと

羽州《うしゅう》酒田の港は奥州《おうしゅう》にある港である。町の入口に鵜戸《うご》川原という所がある。ここにうそこき三平といって、有名なうそこき（うそつき）がいた。

三平が前々から思っていたのは、「あちこちに小うそをよくこく者がいるというけれども、取るに足らず、我に肩を並べる者は奥羽にはいない。この港は、中国、西国および九州からの船が入る都会の港であって、何事でも名誉の者（名高い者）のことは聞こえてくるが、自分より勝れた者を聞かない」と。

それが、近年、京都五条通り油の小路《こうじ》に掃部之助《かもんのすけ》という者がいて、よく嘘をつき、すでに宮中より御扶持《おふち》までいただき、その上、官位までも免許だと聞こえてきた。

「これは何事だ、我は、関東北国奥州に肩を並べる者はないと思っているところに、気掛かりなことができた。どのような者か、とにかく上京して、その掃部之助に出会ってみたい」と思い立ち、旅立ちをして、泊まり泊まりしながら、思うままに出放題《でほうだい》（でまかせ）をこき散らして、江戸に着いた。

江戸は日本の都会であるから、いろいろ様々の名人の看板があるといっても、うそこきの看板というのは見えない。茶屋茶屋を走り回って聞いたけれども、特別な名前も聞こえてこないので、それからは、京都をめざして行った。

やがて、駿河《するが》の町に泊まり、何やかやの雑談に、足洗村《あしあらいむら》に江部助《えべすけ》（夷助《えべすけ》とも表記）という者がいて、よく小うそをつくと聞いたので、少し回り道だが尋ねてみようと、そここと尋ねて行き、

「この村に夷助という人はいるか」

と聞くと、

「この村のはずれの小さい家が夷助の家だ」

と教えられた。

三平が、その家に行ってみれば、破れ家の見る影もないみすぼらしい小屋同然の家であった。

立ち寄ってみると、十《とお》にもならない小野郎《こやろう》（男の子）が一人、棒洟《ぼうばな》をたらして、火を焚いて、両足を踏みだしていた。

三平が、

「おやじは」

と尋ねると、この野郎は振り向きもしないで、

「とと様は、今朝、きのうの風で富士の山が曲って、打返《ぶっかえ》りそうになったから、ちょっと朝飯前に行って、突っかい棒してくると言って行かれた。今に来られるべい」

と言う。

三平は聞いて、驚いて、

「このような頑是ない[*1]小野郎めが、ちょっとして、このような出放題をぬかしやがる。この親の夷助はどれほどの者であろうかわかる。それならば、油の小路の掃部之助《かもんのすけ》などには、とてもかなわない。手合いして恥をかくよりは」

と言って、ここから足早《あしばや》に逃げ帰ったとか。

何事も、自分でなくてはと思うことも、手上《てうえ》（上手《うわて》）、手上ということがあって、高慢になってはならないものであると。

＊1　頑是《がんぜ》ない　幼くてまだ是非・善悪のわきまえがない。

［参考］このような話は、昔話の笑い話として各地に伝わる。『日本昔話集成』の四九二「法螺吹《ほらふ》き童児」の型にあたる。

三十五　奥泉平左衛門、狐待ちすること

私の町内の下《しも》に、猪苗代衆*1（猪苗代組）の奥泉平左衛門*2という者がいて、若い時、独身者で、若者たちの打ち寄り所（集まり場所）となっていた。

正月に狐待ち*3をして、ある夜、狐を煮て四五人で食っていると、窓から狐が面《つら》を出して、

「いま、ふうか*4（食うか）」

と言う。若い衆、

「おお、今ふうわ（食うわ）。われも煮てふわれるか（おまえも煮て食われるか）」

と言えば、狐はこそこそと逃げて行ってしまった。

あるとき、正月十五日の夜だったが、油鼠を仕掛けて、鉄砲でよく狙いを付けて、今か今かと待っていると、みんな眠って目があかず、平左衛門も眠ったが、やれと気が付いてのぞいてみると、これはどうしたことだろう、油鼠の樋《とい》のそばに、美しい袈裟衣《けさごろも》を着けた和尚様が居られたので、平左衛門は驚いて、眠っていた者たちを起こし、みんなものぞいてみれば、うやうやしい和尚様である。

だれもが、

「あれは、撃つことができないだろう」

と言うのに、平左衛門は、

「油鼠のそばに、和尚様が守っておられることはない。早く早く」

と、鉄砲の口火をさしたけれども、口火が立ち合わない（口火さしにささらない）。何べんもさしたけれども、立ち合わないで立ち消えてしまった。そのうちに、あの和尚様、油鼠を取って逃げ失せられた。

これは、古老の狐であろう。徳を積んだ狐は撃つことができないものだと、前々から言われていることであると。

＊1 **猪苗代衆《いなわしろしゅう》** 猪苗代組の人。猪苗代組とは、慶長六年（一六〇一）上杉氏米沢移封のとき、会津猪苗代から慶長八年に遅れて、旧士の子弟が景勝《かげかつ》の跡を慕って移ってきた集団。下級家臣組ながら、藩政の実務方役職についた。
＊2 **奥泉平左衛門** 吉田綱富（糠山）著の『猪苗代町古来屋鋪並幷見聞雑記』に、「奥泉何某の孫平左衛門、宝暦（一七五一〜一七六四）の末年頃老人」とある。
＊3 **狐待ち** わなや鉄砲などで待ち受けて、狐を捕ること。
＊4 **ふうか** 食うか。狐は、「く」が言えないという。

三十六　白井西雲《さいうん》のこと

白井西雲という者は、もとは江戸の浪人者であったが、米沢へ下ってきた。仏躰流兵法[*1]の達人、ことに棒遣《ぼうつか》いの名人で、藩のお抱えになり、住所は桶屋町《おけやまち》で、元は何寺とかいう寺とのこと。

ある説に、西雲は、江戸の丸橋忠弥[*2]の高門弟で、忠弥のところに抱えおかれていたが、忠弥が召し捕られたので、その夜のうちに出奔《しゅっぽん》して、米沢へ下った者だということである。もっとも、身元や名を隠し、浪人者とばかり申していたそうである。屋敷は、桶屋町東側である。当代の白井何某《なにがし》より八代ばかり以前になるだろうか。

私は、近代の[*3]白井楽衛門《らくえもん》へ心安く出入りしていて、屋敷を見たことがあったが、広間は八畳くらいか、仏壇と見えるところから東の方へ継ぎ足して、茶の間と膳部《ぜんぶ》がある。屋敷には、近代までも地蔵や墓があって、だんだんと取り除いたけれども、屋敷の菜園でささげや大根などの畑に鍬《くわ》を入れると、屋敷中白骨だらけだと、楽衛門は言っていた。

これはさておいて、丸橋忠弥陰謀と訴える者があって、すでに露見し、召し捕りとして町奉行石谷《いしがや》左近将監《さこんしょうげん》殿が、与力、同心、屈強の者どもを多数召し連れられて、夜中、提灯が星のように大勢で、忠弥の家へ押し寄せた。

「火事だ、火事だ」

と呼ばわると、忠弥は帯もしないで走り出て、

「火元はどこだ」

というところに、

「一番の組手、馬籠《まごめ》弥右衛門」

と名乗って、「取った」と組み付くところを、「心得たり」と、弥右衛門をつかんで七八間《けん》（一三メートル程度）投げれば、あまりにも強く打ち付けられて弥右衛門は即死した。

「二番の組手何某」

と名乗って、「取った」と組み付くところを、取って投げ付けると、大勢がすかさず、一度にどっと組み付くところを、「過《あやま》ちするな（しそこなうな）」と言うままに、取っては投げ、取っては投げ、大わらわになって仁王立ちに立ったので、その勢いに恐れて、もて余しているように見えた。

左近将監殿は声を荒らげて、

「どうだ忠弥、どんなに働いても、もはや母と妻子は召し捕った。未練の働き（思い切りの悪い行動）は、尾籠《びろう》（無礼）である」

と。その声に、忠弥がはっと驚く。

そこへ、将監殿が、袂《たもと》より卵の殻に毒薬を詰めたものを取り出して、投げ付けられると、運の尽きた忠弥の眉間《みけん》にはっしと当たる。卵が砕けて毒薬が眼に入ったので、忠弥は、「今はもう叶わない」と、中へ入ろうとするところを、大勢が押し重なって、ついに縄を掛けたのだった。

左近将監殿が、急いで連判帳（二人以上の者が連署した書状）を探されていたが、忠弥の妻は、この騒動のうちに、連判帳を火にくべて焼き捨てたという。これらは、その頃、もっぱらの雑説（世評・うわさ）だったとのこと。

ある説に、忠弥が召し捕られるのに大騒ぎの雑説があるが、その実は、捕え手の者が夜中にひそかに忍び入って、深く寝入っていたところを、蚊帳《かや》の四方の吊り手を切り落とし、蚊帳ぐるみにして召し捕ったところ、さすがの忠弥、少しも未練の振舞いがなく、尋常に召し捕られたということである。この話は、後年の西雲の話とのことである。

また、連判帳を忠弥の妻が焼き捨てたということも、その実は、左近将監殿が連判帳を取り上げ、営中《えいちゅう》（江戸城中）で各々が見たところ、名も知らない諸浪人が数百人、または今日それぞれお役付きの歴々衆、また、大小名もあった。その上、紀州侯（紀州徳川家）の御名前と御血判もあった。その実否をご糾明ということになっては、たいへん難しいことになる。結局は、徒党の人数を集めるため、紀州侯から諸大名の名を書き載せて、血判をして惑わせたのであろう、とにかく、連判帳へは、いっさいお構いなく、連判帳は忠弥の女房が焼き捨てたということにして申し触れたのである。穏便のご処置ですんだということである。このことは、伊豆守殿（松平伊豆守信綱）の巧みなはかりごとであったとのこと。ひそかに伝えられている説であると。

二

忠弥は、生まれつき強気の性格で、気短な者であるけれども、母に対しては大変孝行者であったということである。

あるとき、母が忠弥に向って言うには、

「太閤様（豊臣秀吉）以来、天下が穏やかでないところに、権現様（徳川家康）が天下をお治めになられ、世の中は全般に静かになって、人々が父母妻子を養い、寝食を安心してできるということは、ひとえに権現様のご恩ではないか。

ところで、おまえの祖父、宮内少輔殿《くないしょう》（長曾我部元親《ちょうそかべもとちか》）は三成《みつなり》に味方したが、関ヶ原で破れて、石田をはじめ宮内少輔殿も成敗されたので、代々伝えられた領地は没収され、妻子は身の置き所もなくていた。それから、おまえの父は、大坂にお味方をされたが、長曾我部の姓では天下に対して差し障《さわ》りがあるので、母方の名字の丸橋を名乗られた。が、これまた御不運で、ついに御落城である。

その節、幼年のおまえを抱き、少しの縁を頼って当地へ下り、あるかないかの住居の生活、これは、ひとえに権現様へ対して、弓を引いたことに対する天罰である。おまえが成人したならば、御諸家のうちのどこへなりとも奉公させて、後々、少々の御扶持《おふち》もいただいて、先祖の供養もいたしたいと、苦しく大変な中でも諸芸に取り組ませ、成人させたのですよ。

それなのに、おまえは、またまた大望の思いがある様子、うすうす見聞きしている。この上また、どのような憂き目を見ることになるのかと、これだけが心にかかって、毎日が不安で心配である。おまえは幼年よりこのように孝養をつくしているのに、その心の底には、どんな天魔が入れ替わったのだろう。今すぐにでも思い止まって、どんな困難に暮らすとも、妻子が無事に暮らせるのなら、この上の孝行はあるだろうか。道ならぬ富貴や栄耀《えいよう》を願うより、孝行が一番と思い止まってくだされ」

と、折節ごとに、涙にくれて意見したけれども、忠弥は一言の答えもできずに、ただただ額《ひたい》を畳にすりつけて、涙にくれていたということである。

＊1 **仏躰流《ぶったいりゅう》** 『米澤市史』（一九四四年）の武術の項に「縄には仏體流があり、米沢藩で行われた」とあり、四代目に白井又漸衛門時房という名がみえる。また、棒術の鹿島流には、白井西雲重上の名がみえる。仏躰流が棒術か不明で、よくわからない。

＊2 **丸橋忠弥《まるばしちゅうや》** 江戸初期の浪士。宝蔵院流槍《やり》術の達人。出羽山形の人。慶安の変（一六五一年）に由比《ゆい》正雪《しょうせつ》の一味に加わり、幕府の転覆をくわだてるが、未遂に終わり磔《はりつけ》となる。この慶安の変は、浄瑠璃・歌舞伎で脚色され、また実録本『慶安太平記』によって世上に流布した。

＊3 **近代** 当代の白井何某の一、二代前という意味か。

三十七　丸橋忠弥《まるばしちゅうや》、傷寒《しょうかん》をわずらうこと

丸橋忠弥は、陰謀がおおよそ調《ととの》ったといっても、もともと不道の悪事なので、満足のいくことは少なくて、不足のことばかり多かった。

そして、忠弥は、七月中、傷寒（腸チフスの類）を患って、日に日に重くなったので、近くの町のはやりの医者の萩原養伯《はぎはらようはく》を、日ごろ出入りがあったので頼んだ。

養伯は毎日見回っていたが、ある時、忠弥が熱にうかされて、

「かねて用意の毒薬三千斤（約一・八トン）、玉川の水上《みなかみ》へ流しかけ、煙硝蔵《えんしょうぐら》（火薬蔵）への差し火縄《ひなわ》（火縄で火を付ける）は、佐原十兵衛、永山兵左衛門」

と口走った。

この時、忠弥の女房が飛んできて、忠弥をゆすり、忠弥の口を覆った。しばらくして、またまた忠弥、

「天火《てんか》を放つ仕掛け（落雷によって起こる火災に見せかける仕掛け）は、二升（約三・六リットル）入りの樽《たる》を三百の酒屋中に配って置いて、酒を入れ、半日ほどで火を吹き出す。それは、あたかも百目鉄砲*1の様で、江戸中広しといっても、三百か所から一斉に焼け出るとしたら」と。

その時、女房がまたまた飛んで出てきて、忠弥の口をふさぎ、

「忠弥殿、情けなや、どんなに熱にうかされておいででも、ありもしない戯言《たわごと》を。ちと気を付け、心をたしかに持ちなされ」

と、目を怒らせて、涙を流して言った。

養伯は、「理解しがたいうわ言だ」と不審顔で帰って行った。

翌日また、養伯が見回ったときに、またまた忠弥、

「これこれ、藤四郎、そなたが毎日催促するのは、もっともなことである。この上はぜひとも土用まで待ってくれ。事々が成功したときには、百両は千両、千両は万両にして返済する。その上、其方へも一国も」と。

その時、またまた女房が、忠弥をゆすり起こしたので、養伯は、いっそう不審に思いながら立ちあがり、帰りかけた。忠弥の妻は、

「毎日のお見回り、暑中にたいへん御苦労なことで、恐れいります。お酒をお一つどうぞ」

と言って、座敷に招いた。養伯が、

「見回る所も多く、これよりどこそこの河岸まで参るのだが、日も傾いてきたので、お酒は御免」

と言うも終わらないうちに、吸い物を持ってくる。忠弥の妻、

「きょうは、旦那、気分がよろしくて、食事も少しされたので、たいへん安心いたしました。お暇はとらせません」と。

養伯は、もともと酒をたしなんでいたので、女房の気持ちを受けて、とり急ぎ程よく飲

んでいるところへ、またまた吸い物を持って来て、それ相応の肴《さかな》を出す。

養伯は、急いでいるので、念入りに謝辞を述べて立とうとするのだが、そこへ料理を持ってくる。養伯が、強く辞退をしても、聞かない。しかたなく料理も食べ、終わって立とうとするところに、「お茶、一ぷく」と言って、念入りな菓子を出す。そうこうしているうちに時刻が過ぎて行き、暮れになってからそこを出た。

忠弥の妻は、丁寧に門まで見送ってから、内へ入って、下人の八蔵へ何やらひそかにささやいた。八蔵は、「心得ました」と、尻ひっからげ、*2 刀一本、腰にぶっ込んで、頬《ほお》かむりして、いずくともなく駆けだした。

これはさておいて、養伯は、忠弥のところで思いのほか手間取り、暮れになってきて、人目もわからなくなった頃、何とかいう河岸通りを急いで通っていると、後から足早に来た男が、養伯の後ろから袈裟にかけて、*3 ただ一討ちに切り捨てて、行方もしれずに去っていった。

ある説に、忠弥は熱にうかされて、二日の間の妄言《ぼうげん》の中の怪しい言葉に、養伯が不審だと聞き留めた様子で、それらを忠弥の妻はいち早く心得て、陰謀が養伯より顕《あらわ》れてはと思い、急にわざと酒と肴でもてなして、日暮れまで時間を延ばし、下人の雀部《ささべ》八蔵に言い含めて、人に知られないように討ち果たしたとのこと。そのころ、もっぱらの雑説であったということである。

＊1 **百目鉄砲** 鉄砲を発射するために薬室内に装塡する火薬が百匁（約三七〇グラム）の鉄砲。
＊2 **尻ひっからげ** 尻引きからげ。着物の裾《すそ》を尻までまくり上げて。
＊3 **袈裟《けさ》にかけて** 一方の肩から斜めに他方のわきの下へかけて。

［参考］実録本『慶安太平記』。

三十八　白井西雲《さいうん》、棒修錬《しゆうれん》のこと

桶屋町《おけやまち》の西雲の近所に、庄蔵という者がいた。川原の畑に真桑瓜《まくわうり》を作ったところ、出来がよくて、六月下旬でもあったか、瓜は熟して匂いがすでに芬々《ふんぷん》としていた。近いうちに収穫して商おうと思っていたところに、狼が夜な夜な来て、熟した瓜を食う。庄蔵は、小屋にいて、追い払おうとしたけれども、狼は逃げずに、かえって歯向かってきた。

庄蔵は恐ろしくなって、番小屋へも行くことができなくて、このことを隣の家の西雲に話した。

西雲は聞いて、

「今夜、そなたに代わって、私が番をして、二度と狼が来ないようにしてやろう」

と言って、その夜、西雲は棒を持っていき、あの番小屋にひそかに臥《ふ》せていた。

人々が寝静まって、やがて丑満《うしみ》つ頃（午前三時頃）でもあろうと思われるころ、川原の方から大きな狼が小屋の近くまで来て、熟した瓜を食った。西雲は、棒を押し取って飛んで出て、四五十間《けん》（八〇メートル程度）駆け出し、狼の先へ飛び越え、振り返って、狼の真っ向（額の真ん中）を打った。どうして堪《た》えられようか、ただ一討ちで狼の頭は砕け、倒れて死んでしまった。

そのうちに、一匹は逃げのびた。西雲は、「もう一匹を打ちもらしたのは、残念だ」と、狼を引っ提げて小屋へ入った。

あの狼の速いことは稲妻のようであるのに、それを飛び越して、振り返り、頭を打った西雲の修錬の早業《はやわざ》は褒《ほ》めないわけにはいかない。

そうこうしているうちに、夜は明けて、このことが近辺にぱっと聞こえたので、近隣の町から狼を見にくる人が、庄蔵の家の門前に市ができるほど集まったという。

このようなことから、棒の達人であることが広まって、藩のお抱えになったということである。

私的な話であるが、西雲は江戸の浪人者で、丸橋忠弥《まるばしちゅうや》の門弟とのことで、忠弥が召し捕らえられた夜中に、出奔《しゅっぽん》して米沢へ下ってきたが、兵法の達人なので、藩のお抱えになったとのことである。

あの狼を打った棒は、江戸から出奔のときに持参した棒だといい、近年までこれはあった。赤樫《あかがし》で、ふつうの棒よりは少し太めだったと覚えている。その棒が今もあるかは知らない。

右の西雲の一件は、慶安四年（一六五一）のことであろう。正雪（由比正雪《ゆいしょうせつ》）と忠弥の御処罰は慶安四年である。私の母方の曾祖父の小川金平という者が、西雲の門弟免許で、仏躰流《ぶつたいりゅう》免許の書を一巻持っていたが、子がいなくて、名跡《みょうせき》（名字を継ぐ跡取り）となった久兵衛は武芸をやらない者なので、免許の巻物は無用であるといって、曾祖父が亡くなったとき、李山《すももやま》の諏訪明神《すわみょうじん》へ納めたとのことである。祖母の父のことなので、祖母が話してくれて、私が七八歳の時分に聞いたことを、不十分ながら書き綴《つづ》った。

三十九　長命寺の老僧、怪異なものを見ること

天明（一七八一〜一七八九）年中のことでもあったろうか、長命寺の老僧として、名高い老僧がいた。ある秋のこととのこと。

あるとき、銅屋町《どうやまち》の高橋六右衛門のところへ、夕飯の時斎[*1]に招かれて行った。暮れ前ではあったが、寺の中は樹木が茂っていて、薄く暮れてきていて人の様子もわからない頃であった。

老僧が、向こうを見れば、門の内の傍らに、何やらにょっと突っ立っているので、少し近寄ってよく見れば、大きな男の首のないむくろ（死骸）であったが、おどりはねはねして、ひっくり返り、また立ってはひっくり返りして、いかにも苦しい様子に見えた。怪しく思って、十念[*2]を授けると、たちまち消えてしまった。

老僧は、薄気味わるくなって、「狐のしわざでもあろうか」と思いながら門の外へ出ると、町はまだ暮れ切っていなくて、人通りもあった。

それから六右衛門のところへ行って、持仏堂《じぶつどう》（仏壇）へ向ってよくお勤め（お参り）をして、時斎をいただいた。六右衛門のことなので、ふだんの時斎といっても、念入りの精

進料理だったが、あのむくろのざまくのない（見られたざまでない。醜悪な）物を見たので、食もすすまなかった。

このような怪しいことがあるのかと思いながらも、いっさい口外もしないで帰り、またもや怪異なことがあるのではと、門へ入って見回したが、なんの変わりもなかった。

五六日過ぎて、雑談に、この前の何日、松原で御仕置《おしお》きがあって、土橋町の甚左衛門も切られたという噂があった。先夜のことを考えると、ちょうどその日である。

あの土橋の甚左衛門は、郡割所*3の人別《にんべつ》の小頭《こがしら》で、寺の前を日々往来する朝夕に仏参していて、以前から親しい者だったが、あのむくろは、今思えば、確かに甚左衛門だった。甚左衛門は、ふだん焦唐茶《こげからちゃ》の着物を着ていたが、あのむくろも焦唐茶だったように思われる。

翌年、座頭町《ざとうまち》の丸田庄助のところの法事のとき、「怪異なこともあるものだ」と老僧が右の話をされたのを、「同座していて聞いた」と、吉田盛衛*4が話していた。このような怪異なこともあればあるものだろうか。

＊1 **時斎** 法要をして食事をすることか。

＊2 **十念**《じゅうねん》 十念称名の略。南無阿弥陀仏を十回唱えること。

＊3 **郡割所**《ぐんわりどころ》 米沢藩において、人夫の調達・確保のための役所。人別改めによる奉公を強化し、

人足や奉公人の確保につとめた。

＊4 **吉田盛衛**　吉田一無の孫で名跡。作者糠山（綱富）の姉の夫。

四十　西海枝《さいかち》彦兵衛家、二度びっくりのこと

片五十騎町《かたごじゅつきまち》の西海枝彦兵衛家は、「二度びっくり」という言い伝えがあって、代々家督《かとく》譲りには、化け物を二度見る家であるという。

三代以前の彦兵衛が家督したころ、冬のことであるが、ある夜、よそへ行って、八つ時分（午前二時ごろ）に帰ったが、家内の者は寝静まっていた。

彦兵衛は、炬燵《こたつ》に入ろうと布団を引きまくったところ、これはどうしたことだろう、炬燵の中に、炬燵いっぱいの大きな毛むくじゃらの脚がある。膝《ひざ》かぶ（ひざがしら）に大きな目玉がきょろきょろと見えた。彦兵衛は、これに恐怖のあまり、思わず気絶してしまった。

この音に驚いて、老婆が手燭《てしょく》を灯《とも》して駆け出してきて、

「何事ですか。彦兵衛、彦兵衛」

と言うと、彦兵衛はようやく気が付いて、思いもよらないところに膝まなこの大脛《おおすね》があったことを語ると、老母は、

「さてさて、それは」

と言いながら、自分の裾《すそ》を引きまくって、

「このような脚か」

と出した。

脚には、先ほどのように、大きな脚に毛が生え、膝に大きなまなこがあった。彦兵衛は、これにたまげて（びっくりして）、またひっくり返ってしまった。

そのとき、また納戸から老母が手燭を灯して来て、

「彦兵衛、彦兵衛」

と言って、いろいろ介抱したところ、彦兵衛は気が付いて、脇差《わきざし》に手をかけたので、

「やれやれ、彦兵衛、彦兵衛、気をたしかになさい」と。

彦兵衛は、実の母の身に染みる言葉のありがたさに、夢の覚めたような心地がした。それから焚《た》き火にあたり、夜はほのぼのと明けたのだった。それからは、妖怪がましいことはなかったという。

これが、二度びっくりの伝えだということである。今は、化け物の威力が衰えたのか、

人が強くなって、化け物が恐れるのか、それから二三代、怪しいことはないということである。

［参考］この話と同じような話が、『米沢里人談』下に、「西海枝家に二度びっくりということあり」としてある。外で大入道を見て驚いて、家の炬燵の中の猫を長毛の脛と驚いて気絶するという話である。世間話の「二度の威嚇」や「こんな顔」という型の話である。

四十一　火事場に怪鳥飛ぶこと

天明元年（一七八一）の春、方々に火事が出やすかった年で、数多くの廻勤《かいきん》（巡回）が出された。その時自分も廻勤で御城下を回った。

五月七日の夜のことだった。主水町《もんどまち》を回っているとき、小姓町《こしょうまち》の竹俣《たけのまた》郡太殿より出火。しかし、その夜は風もなくて静かであったけれども、火を防ぐ者がいなくて、ついに焼失した。類焼がなく、一軒焼けであった。

ところが、火勢が盛んだったとき、怪しい鳥が数多く飛び出て、空中を飛びまわり、煙の中を度々飛びまわったが、火勢が弱くなって静まると、その鳥も見えなくなった。大きさは鳩《はと》ぐらいで、色は薄白く見えた。自分ばかりが見たのではなく、皆々、「怪異な鳥」と言ったのであった。

その時、ある町人が言うのには、

「前々から火事場に飛ぶ鳥が見えることがあるけれども、だれも何鳥というのかは知らない、どこから飛んできてどこへ飛び去るということも知らない、ただ火事鳥とばかり言われている」と。

ある人が言う。この火事鳥は、夜鷹《よたか》、蝙蝠《こうもり》の類で、火に迷って来るといっても、夜鳥として、どうして火に迷うのだろうか。もし、昼の多くの鳥がその辺の樹に住んでいて、大火に驚いて飛び迷うこともないわけではない。

火事鳥といって、網にかかったり、ねばった鳥黐《とりもち》にくっ付いたりしたのを、焼き鳥にして食ったということも聞かない。また、飼っている鳥だとしても、どのようなさえずりかも聞かない。火事鳥といって、野中に落ちて死んでいたのを見たという者の話も聞かない。

そうとすると、飛鳥《ひちょう》と見えたのは、火勢が強いので、焼けた灰が空中へ吹き上がり、煙の中を散乱するのを鳥と見たのであろうと。

またある人が言う。総じて、気質が形をなすことはいろいろであって、形は定まっていない。万物、始めがある物は終わりがあり。始めがなければ、終わりはない。

この火鳥が、火の勢いより変化して鳥となったときを、見た者はないだろう。だから、終わりを見ることはない。火勢より変化した鳥なのだから、飛びまわることはとても速い。この鳥は、火事の度に飛ぶのでもない。大火であっても、風のある夜は鳥となることはない。風もなく静かで、その夜の天気が、空が快晴でないとき、火気によって蒸気が雲のようになり、その気が鳥に変化したのだろうか。火勢があるうちは飛びまわり、火気がなくなるときは、この鳥も消失して形は残ることはない。

であるから、火鳥が、鴨《かも》となって池で泳ぎ、蟇《ひつき》（蛙）となってそこらをのたぐりまわるのを見ない。山の芋が変化してうなぎとなるというが、うなぎが山芋に変化したというのは聞かない。水から魚が生まれ、火から鳥が生まれ、木から虫が生まれることを、どうして怪しいとしようか。

気が変化して質となるが、その形は定まっていない。火の形が尖《とが》っているので、鳥の形になったのだろう。山芋がうなぎとなったのも、自然の形であって、よくもうなぎとなった。蛇とならなかったのは、人々の仕合わせというべきである。

四十二　化け物のこと

ある人が言う。化け物というものは、いないものである。化け物を見るのは、自分の心の迷いから出て見えるものである。

たとえば、闇夜《やみよ》に森々《しんしん》とした寺内の墓所などを通れば、なんとなく心が湿って、小淋《こさび》しくて、もしや幽霊でも出るかとおどおどすると、背中がざわざわして水を注ぐようである。その場を小早く通るところに、寺の軒に掛けてあったかんぴょうが、白々として風にゆれているのを、幽霊だと驚き、墓場の石地蔵を見越入道[*1]だと仰天して逃げるうちに、後から追われるような気がして逃げ帰る。

翌朝になって、昨夜はどこそこで幽霊を見たとか、大入道を見たとかなどと、思いを入れて大げさに話すので、家内の婦女子たちは恐がって吹聴する。

怪異というと、人々は膝《ひざ》を立て直してすり寄って、話を耳に入れて、前々から酔狂で物好きで口まめな族《やから》（連中）は、いろいろさまざまに粉《こ》に粉《こ》をつけて、幽霊に目鼻を付け、石地蔵に物を言わせる。しかし、幽霊に腰から下があっては小難しいこともあるかして、いまだ幽霊の腰から下があるという話を聞かない。

みな、これは自分の心の迷いから見ることとである。牛の角はつねに見慣れているから、恐れることはないけれども、鬼の角は見たことがないので恐れる。みな心の迷いである。

さてまた、化け物の風袋《ふうたい》（入れ物）を引いた正味（中身）の化け物は人である。今日、夫に牙《きば》あるとも知らず。女房にとがった角が二三本あっても、ふだん隠して見せなければ、知らず。

また、人が人を化かすことは、狐や狸の及ぶところではない。人の化け物ほど、世に恐ろしいものはない。けれども、つねに見慣れて、恐ろしいとも知らぬが仏である。

さてまた、化け物を見る人は、生まれつき強気の者である。臆病者や、生まれつき柔弱な者は見ることがない。

これは、どういうことかというと、化け物が言うのには、

「闇夜に森々とした墓所などで、気持ちよく化けて、だれかに見せようとすると、臆病者は二目《ふため》も見ないで逃げ走る。あるいは、なまくら（切れない刀）などを抜いて振りまわす。あるいは、石つぶてなどをやたらに投げ付けるので、油断ができなくて、思いのままに化けることができない。とにかく、臆病者に化けて見せることは、化け物仲間の法度《はっと》（禁止）である。

気の強いの者は、石つぶても投げず、なまくらなどを振りまわすこともなく、振り返っ

て、さし覗いて、念を入れて見るので、化《ば》け力《じから》も出て、いろいろさまざまに早変わりなどして楽しむことができる。臆病者には、油断するな」とは、ももんが[*2]の親玉がつねにおっしゃられていることである。

＊1 **見越入道《みこしにゅうどう》** 首が長く、背丈が非常に高い入道姿の化け物。

＊2 **ももんが** ムササビに似た形の動物。「ももんがあ」と言って、着物をかぶって、ひじをはって、子どもをおどす遊びがある。化け物の一つか。

四十三　馬下何某《まおろしなにがし》、化け物を見ること

一

御守町《おもりまち》に馬下何某という者がいた。もともと上気《のぼせ》の症であるのか、若い時から化け物を見ることが常であった。そのため、見ても怪しいともしないし、恐ろしいとも思わず、また求めて見ようと思うこともない。

雨の夜、悪路に下駄《げた》や足駄《あしだ》を踏みこんで、片足になってしまって、振り返って見ると、足駄に大きなまなこ（目）、あるいは赤い口が開いている。あるいは、下駄から細い両手を出していたこともあった。けれども、いつものことなので、恐れることはない。

ある冬の夜、近所へ出かけて八つ時分（午前二時頃）に帰宅したところ、その夜は特別に寒い夜なので、寝室から火箱を出そうと、いそいで寝室をのぞくと、これはどうしたことだろう、火箱に目鼻口があって、両手をついて、馬下を見て、にこにこと笑いながらのさばり出てきた。このときは、馬下も薄気味悪くなって、茶の間へ出て、火を灯《とも》して見れば、いつもの火箱で、何の変わったこともなかった。

また、秋のことであるが、ある夜八つ時分に、法泉寺《ほうせんじ》の寺内を通りかかると、北の道下の窪《くぼ》んだところにすすぎ場（手や口を洗い清める所）があって、何やらいて、動くように見えたので、よくのぞいてみれば、とても年をとった老女であった。

馬下がのぞいて、「だれだ」と言うと、老女は、

「私は御清水町《おしみずまち》の親類へ洗濯の手伝いに参り、暮れに戻ったところ、怪我をして転び、起きられずにおりました。ぶしつけながらお起こしくださいませ」

と言うので、馬下が手を出して引き起こしてみれば、その老女のやせていることは言いようもなく、面《つら》は茄子干《なすぼ》しに目鼻ともいうようで、髪は揉《も》み藁《わら》のようであった。そして、

「これをまずお取りください」

と言って、ぬれた小風呂敷包《こぶろしきづつ》みをさし出す。その手の細いこと、鉄火箸《てつひばし》のようであった。あまりに怪異な老婆なので、

「どこへお帰り」

と聞くと、

「鷹匠町《たかじょうまち》へ」

と言うので、

「鷹匠町はどなたの」

と言うと、

「土手前《さき》」

と言う。

馬下が思うには、「鷹匠町は、自分の住んでいる御守町の前の町である、土手前にこの様な姥《うば》のいる家はない」と。

また、

「土手前はどなたの家のばば様」

と聞くと、

「そのようにご尋問されては、ご同道はなりません。過分（ありがとう）」
と言って、かたわらの萱原《かやはら》へはね込んで消えてしまった。

馬下は、怪異なことだと思い、持っていたぬれた包みをほうり投げて、急いで家に帰った。

翌朝、わざわざあのところへ行ってみれば、投げた包みはぼろくずで、そこにあり、ほかに変わったこともなかった。

狐狸の化けたのは、しゃべらないか、言葉はわからないものだという。だが、このばば様の口上は勝れていて、さわやかで、様子はおとなしく、お歴々のかみ様（奥様）ともいうような口上だったということである。ぬれた布切れを持っていたので、獺《かわうそ》が化けたのであろうか。

二

馬下何某、ある年五月、城下の東の方へ行っての帰り、夜半過ぎに馬場尻《ばばじり》へかかって、周防殿《すおうどの》橋を渡った。小雨で、真っ暗の闇だったが、橋の下流のしがらみ[*1]に何やらかかっているのが見えたので、近寄ってよく見れば、生まれたばかりの赤子《あかご》が、手足を動かしているのが見えた。

馬下が思うには、「出生を妨げることさえ恐ろしいことなのに、たとえやむをえない訳があって害すというとも、その始末の仕方もあるだろうに、まだ死んでもいない小児を物にもくるまずに、ぐるむき裸（丸裸）にして投げ捨てる親心は、鬼ともいうべきか。世の中には、大胆な者もいるものだ」と、うたでく（気持ち悪く、嫌だと）思って立ち去ったが、不安になってふり返ってみると、あの赤子が、しがらみから二三間《けん》（四メートル程度）、のたぐって*2いた。

なお、うたてく思って、小足早に土手の角《かど》まで来て、ふり返ってみると、赤子は馬下の跡を慕って、土手の際までのたぐっていた。

馬下は気味が悪くて、急いで町へ入った。赤子は、跡に続いて間近く来るので、馬下は我が家へ走り込んで、蔀*3を蹴《け》りはねて、後ろの戸を閉めようと門口を見れば、赤子は続いてのたぐって入ってくる。口は、耳の脇まで割れ、真っ赤で、栃《とち》の実のような両眼を見開いたありさまは、恐ろしくて、広間へ入って、夜具を引っかぶって、そっと蔀の半戸を見ると、赤子は、すでに蔀の半戸からのたぐって、広間へ入った。

このとき、馬下は驚いて、アッと言って、気絶した。そのとき、何やら上から落ちてきて、馬下の頭にがっしと当たった。これで気が付いて、幻のような心地がして、しばらくして目を開いて見ると、赤子も消えていなくなっていて、なにも変わったこともなく、鳥の声がしきりにして、夜はほのぼのと明けていった。

枕元を見れば、上から落ちてきて頭に当たったのは、一万度のお祓い[*4]であった。馬下は、不思議な思いがして、すぐに行水して身を清め、お祓いを押しいただいて、元の棚へもどした。

そのお祓いの裏に「三七」とあったので、それから名を馬下三七と改めると、それ以後は、妖怪のようなことはなくなって、これが、生涯の化け物の見納めとなったということである。

化け物というものは、なければないもの、あればあるものである。

＊1　**しがらみ**　水の勢いを弱めるために、杭《くい》を打ちならべて木や竹を渡したもの。

＊2　**のたぐって**　のたうって。ぬたうって。泥の上をもがいてころびまわる。

＊3　**蔀《しとみ》**　格子の付いた上下に分かれた衝立《ついたて》様の建具。屋内、屋外用のものがある。

＊4　**一万度のお祓《はら》い**　祓いの詞を一万度読んで罪を祓い清めた祓いのこと。江戸時代、年の暮れに、伊勢神宮から白紙貼りの祓箱に入れて信者の家々に配られた。

四十四　若林源兵衛、大音のこと

今はむかし、元馬口労町《もとばくろうちょう》の若林源兵衛は大男で、力量は衆に勝れた者であった。若い時分、夜角力《よずもう》が流行って、方々へ人が集まった。笹野観音《ささのかんのん》門前では、大地蔵の傍らの芝原に土俵を築いたので、毎夜あちこちから集まった。

ある夜、源兵衛は若い衆と打ち揃って、七軒町《しちけんちょう》まで行ったが、南の方から来る者に、「今夜あそこで角力があるかどうか」と聞くと、その者は、「自分は大門の前を通ったが、何の音もしなかった」と言う。

若林は、

「皆の衆は、ここで待っていてくれ。自分がちょっと行って、角力がなければすぐにもどろう。あれば大声で呼ぼう」

と言って、脚立のような大股で、飛ぶようにして行った。

行ってみると、原衆[*1]が集まって、すでに相撲が始まっていた。源兵衛は、地蔵堂の軒下から北に向って、

「あるから来ーい、来ーい」

と、二声呼んだ。七軒町までは、数十町もあろうかというのに、高々と聞こえたので、友達たちは、「さぁ」と言って急いで行ったという。源兵衛の大音に、人々は恐れをなしたということである。

＊1 **原衆**　原方衆。城下近郊に屋敷割された下級家臣を原方衆、原々衆と呼んだ。

四十五　関戸甚六《せきとじんろく》、弘法大師を捕えること

宝暦（一七五一〜一七六四）年中の頃だとか。関戸甚六は、郷村小扱[*1]勤めをしていたとき、ある日、福沢村へ移動した。肝煎[*2]は鈴木十郎右衛門といって、本町入口の持明院《じみょういん》門前の西角の屋敷で、四方に屋敷を囲む堀《ほり》をめぐらし、内証《ないしょう》（暮らし向き）もよろしく、下人も三四人召し使っている。

その日は、家の者がなにか奔走しているので、甚六は、

「何か取り込みのことでもあるのならば、外の宿でもかまわない」

と言うと、長《おさ》は、

「特別のことでもありません。当年は丑《うし》の年なので、弘法大師様が御参詣のご通行の道筋で、すり鉢の目をお立てになってくださると言います。不浄の家にはお立ち入りなされず、お入りになられた家々では、悪事災難を逃れ、無病で、富貴をお授けくださるということです。すでに昨夜は、近所の久三郎の所へお立ち寄りになり、大すり鉢にあらあらと（深く）目をお立てになってくださり、誠にありがたいことでございます。

今晩は、私のところへご招待したく、座敷を清めていたところでございます。不調法ながら、今晩は二の間《にのま》へおやすみくだされたい」

と言った。

甚六は、

「よい時に来合わせて幸せだ。自分も今夜は、大師さまの御利益に預かろう。賄《まかな》いなどは、酒肴《さかな》ともになまぐさ物の心遣いはしないように。自分も精進して待とう。大師様へは、御初穂[*3]でも供えるのか」

と言うと、長は、

「いや、いっさい欲がふかそうなことはなされません。御初穂として、銭を供える者がありましても、お受けなされません。そのままにしておかれ、ただ、御供物ばかりご受納なされるので、団子、油揚げなどばかりをお供えすることでございます」

と言う。

甚六が思うには、「まことにおかしいことである。これは、狐狸の仕業であろう。今夜、ひっ捕えてみせよう」と。

ところで、この甚六の関戸家は、飯綱《いづな》を修める家*4である。だが、精進潔斎しなくては容易に行いがたいことなのである。今夜は幸い精進であるからと、沐浴《もくよく》して身を清めた。

その頃は、小扱の仕事をするにしても、夜着《よぎ》、ふとんは言うに及ばず、着替え、裏付《うらつ》き袴《ばかま》、上下《かみしも》までも持参したものなので、麻の上下《かみしも》を着て、飯綱の家法を行い済ましていた。

「もし、盗人か悪党の仕業ならば、討ち果たしてくれよう。しかし、初穂へは手も掛けられずに、団子、油揚げなどばかり召し上がるというのであれば、狐であろう。今夜、正体を顕し、捕まえてみせよう」と、眠りもしないで、行い済まして待っていた。

上段の床《とこ》に机を置いて、大すり鉢を上げ、燈明、香と花、供物には、団子、油揚げをたくさん盛り盛りと供えて、縁側の障子を細めに明けて、家内はひっそりとなって寝入っている。

やがて、八つ半（午前三時）過ぎと思われるころ、何やら堀を越して入ってくる影が見えて、縁側の明かり障子の隙間《すきま》よりそっと入る。

甚六は、「さては、大師様の御来臨」と、のぞいて見ると、十《とお》ばかりの白衣を着た小僧である。怪しいと見ていると、供えておいた供物を取り、燈明を吹き消す。

そこへ、甚六が飛んで出ると、小僧はびっくり仰天して逃げ出す。そこを縁の下で捕まえると、小僧は両手で懐を大事そうに覆う。甚六が、その懐へ手を入れると、なにやら小さな包みがあった。そうこうしているうちに、甚六の手をはずして、堀へ飛び入って、行方もしらずに逃げてしまった。

甚六は、「大師様を逃がして残念だ」と思いながら、あの懐から取った包みを見ると、乾鮭《からざけ》の鰭《ひれ》のような物であった。これで供えてあったすり鉢を削ってみれば、そくそくとして細かな筋が立った。甚六は、「さては大師様、大切な目立て道具を取りあげられ、商売上がったりで、おいとしや（お気の毒に）」と、独り笑いして寝た。

翌朝、亭主は早朝に起きて、あの広間の供えをみると、供物も燈明もない。すり鉢を見れば、細かな目数の筋が立って見えた。亭主は、奇異の思いがして、家内の者を呼んで、すぐに水垢離[*5]をして、すり鉢を三度押しいただいて、女房子どもにも押しいただかせた。

甚六は、おかしく思って寝てもいられず、起きると、十郎右衛門はたばこ盆を持って来て、

「さてさて、ありがたいことでございます。大師様がお出でになられて、すり鉢に目をお立てになってくださり、私の所は特別に念入りにしてくださり、細々と筋多くお立てくだ

さって、誠にありがたいことで」

と言った。甚六は、

「自分はよい時に来合わせて、ありがたいことである」

と言って、それから朝飯を済ませ、ゆるゆると（ゆっくりと）茶を飲んだ。

そして、亭主を呼んで、

「昨夜、大師様のご直伝を伺いたいと思って出て行ったが、大師様はお逃げなされるので、追いかけて縁の下で捕まえて、大師様のお大事なこの一包みを取ったところ、大師様はかけた私の手をはずして、おかわいそうに堀へ飛び入られて、ほうほうの体でお逃げなさった。それが、この一包みだ」

と言って、差し出して見せたけれども、亭主は本当だとも思えず、挨拶に当惑して、

「ですが、すり鉢に目をお立てくださった」

と言う。

そこで、甚六は、

「これでもって、立ててみよ」

と言って包みを差し出すと、亭主は苦々しい様子で、それを取って、すり鉢をそっと削ってみると、筋の立つことと自由である。亭主十郎右衛門は、怪異なことだと思ったが、御

横目様*6と争いをすることもできないので、それまでにしていた。

甚六は、その日は夏刈村《なつかり》へ引き移るので、あの包みを亭主へ預け、出立した。十郎右衛門は、いかがわしく思ったが、包みを床《とこ》の上へ置いておいた。

そうしたところ、翌朝、女房が起きてみると、水屋（水を扱う所）から台所、庭まで一面に水をこぼしてあって、まだ湛《たた》えているところもある。茶の間、炉端《ろばた》から棚のあたり一面に湛えている。

下人どもに、「どうした」と言うと、「夜中だれも水は遣いません」と言う。棚の上に置いた茶碗や砂鉢にいたるまで、皆水が入っていたので、「これは、何者かが入り込んでいたずらしたのだろう」と言ったのだが、翌朝も同様で、茶の間一帯水を注いだようである。

亭主は、「これはただごとではない。大師様へ御横目がいたずらしたせいであろう」と言って、祈願所の西町の北院へ行って占いを頼んだ。

北院は、しかつめらしくしばらく考えて、

「これは、仏器の祟《たた》りである。何か変わったことはあるか」

と。十郎衛門は、

「一昨晩、私のところへ大師様が来てくださり、そのとき御横目様がこうこう」

と、ありのまま話した。

北院は、

「そうだろう、そうだろう、そうでないと言えない私の占い。そのような仏器を俗家に置いておくからである。早くほかへ納めるのがよいだろう。しかし、ほかといっても納める所が悪ければ、かえって祟りがあるだろう。祈願所の私のところへ納めなさい」

と話したので、「それならば」と言って、すぐに持ってきた。

北院は、ただちに道場の仏壇へうやうやしく供え置いた。

が、さて、不思議なことに、その夜から十郎右衛門のところには水のいたずらがなかったが、北院に水のいたずらがあって、十郎右衛門のところでのことと同じであった。北院は、怪異なことに思って、秘文《ひもん》を書いて、水屋から台所そここに札を張り、「これでどうだ」と思って翌朝見ると、前夜に増さって水いたずらがあった。北院は、「これではならぬ」と、本尊大聖不動明王、そのほか壇上の霊神霊仏、祈禱《きとう》秘術を尽くし、「これでどうだ」と言ったが、翌朝早く起きて見れば、かえって水災は前夜に増さっていた。

北坊（北院）も今はあきれ果て、「あの霊器を十郎右衛門に返しては外聞もいかが」と思案し、それから本町の真言宗持明院《じみょういん》へ持参して、

「このようなことなので、この霊器を貴寺へ納めたい」

と話すと、法印（和尚）は聞いて、

「そのような霊器、寺に置いてなんの用に立つだろう。すり鉢は、盆前に買って、新しいすり鉢なので、目を立てる必要もない」

と申された。北院は、

「それならば、どうしたらいいとおっしゃるのか」

と言うと、

「庭の掃《は》き溜《だ》め（ごみため）へ投げてやれ」

と申された。

北院は、恰好《かっこう》もつかずに仕方なく帰って、つくづくと思案して、「これは関戸に返すのが一番だ」と気付いた。

関戸は石岡村にいると聞き、急いで石岡村へ行って、面談して、

「こうこうのことなので、お請け取りいただきたい」

と話すと、関戸はおかしく思いながら、

「しっかり預かっておこう。北条郷は、水不足の所なので、来春まで預かっておこう」

と言って、受け取っておいた。

北院は、うまくやったと悦び、翌朝、もしやと、早起きして、水屋の辺り、茶の間、棚

の器物などを見ると、なんの変わったこともなかったとか。

さて、大師様は、大切な目立て道具を関戸に取られ、家業が上がって（駄目になって）しまわれて、その後はどこにも目立てはなかったとのこと。甚六が大師様を捕まえたとき、白衣の一尺（約三〇センチ）ばかりの物が縁の下にあったが、葬式に用いた紙布の切れ端と見えたとのこと。怪異なこともあればあるものである。


このむかし（昔話）は、私が若年の時に聞いたむかしである。私が、天明（一七八一～一七八九）の末年ころ、関戸の一男の五十騎組宮専右衛門と心安くしていて、ある雑談のとき、右の話のことを尋ねたところ、専右衛門は、

「なるほど、家元の関戸に、前々から飯綱の法を修めたという巻物一巻があったが、このような物を家に残しておくのは、適当でないといって、祖父の代に、亀岡文殊堂《かめおかもんじゅどう》に納めたということである。申し伝えはあるけれども、福沢村で、大師様を泣かせたということは聞いていない話である」

と話した。

目立て道具を取り上げたということは、福沢村の老人の話であるので、偽りでもないだろう。あの大師様は、獺《かわうそ》の化身であったと。

＊1　**郷村小扱《ごうそんこあつかい》**　郷村御用掛の意をうけて働く世話方か。

＊2　**肝煎《きもいり》**　村における百姓の取りまとめ役。他地方の名主、庄屋に相当する。藩の役人が出張してきたときは、その宿も引き受けた。

＊3　**御初穂《おはつほ》**　その年はじめて収穫した穀物を神仏に最初に奉るもの。また、この代わりに神仏に供える物で、金銭や米穀・酒・食物などのこと。

＊4　**飯綱《いづな》を修める家**　飯綱の法術を修める家。飯綱とは飯綱遣《いづなつかい》の略で、管狐《くだぎつね》（通力をもった小さな狐）をつかって術を行うこと。原文には「飯縄」に「イ、ツナ」とふり仮名を振った用字が一例のみあるが、本訳では「飯綱」に統一した。

＊5　**水垢離《みずこり》**　神仏に祈るとき、水を浴びて心・からだを清めること。

＊6　**御横目《およこめ》**　監視・監察などの役職。ここでは、郷村小扱のことで、関戸甚六をさす。

［参考］弘法大師がすり鉢の目立てをするということがみられるが、これは、「臼の目切り」という民間伝承の一つと思われる。『定本柳田國男集』十三巻「臼の目切り」参照。

四十六　山道半兵衛のこと

東都（江戸）の守随《しゆずい》彦太郎という者は、秤の役元[*1]である。秤の役元とは、太閤様《たいこうさま》よりの免許で、西国は大津に一か所、関東は江戸に一か所、天下に二か所に限っている。秤商売免許以外では、こしらえたり、また店々で無銘の秤商売したりすることは、重い禁制であって、この二か所から以外は売買してはならない。

そうではあるが、秤は貴賤、士農工商、家ごとになくてはならない物で、守随の手元から求めることも大変なので、小店などでは、無銘の秤を用いた。まして、遠国や田舎においては当然だった。もっとも、疑物《ぎぶつ》といっても、目方の軽重においては、分厘毛《ぶりんもう》の違いはない。

しかし、この無銘の秤の詮議《せんぎ》（取調べ）のため、彦太郎のところから、忍びの者をあちこちに差し出すことが、ごくまれにある。また、その忍びの者の偽者《にせもの》が来て、店々で無銘の秤を見つけ出し、難題を言ってきて、大いにゆすって、つまりは金子《きんす》を取るということが、前々からあるということである。

先年、米沢へも、守随の廻し者が来て、諸町の店々で無銘の秤を見つけ出し、江戸まで引き連れて行くなどと、難儀を吹きかけるので、仲立ちを入れて、いろいろ様々に扱ったが、少しも承知しない。結局、町奉行が詫びて、逗留中のお賄《まかな》いはもちろん、相応のお取り扱いがあって、内々で事を済ませた。それより最上《もがみ》へ行ったということである。

ところで、その頃、椚塚村《くぬぎづかむら》に山道半兵衛という者がいた。この者は、壮年の時に家出して、江戸表に住みつき、鳶《とび》仲間に入って、鳶頭《とびがしら》となって大いに勢いをふるっていたが、極めて年をとってから隠居して、故郷の栅塚村にいた。

この度、守随の廻し者が来て、御城下大いにご苦労になられたということを聞いた半兵衛は、赤湯に泊まったならば知らせるようにと、宿屋と申し合わせて待っていたところ、ほどなく守随が来て一泊した。このことを宿屋より半兵衛に知らせたところ、半兵衛は直接宿屋へ来て、あの守随という者に面談して言うのには、

「この半兵衛がここに居るのを、案内もなくむやみに御城下に逗留し、その上、あちこちで店々をゆすって金銭を取るだけでなく、お上《かみ》にまでご苦労をおかけして、不届き至極、言語同断」

と、半兵衛の弁舌、とうとうと水が流れるようにして詰めよると、あの守随という者は、畳へ頭をすり付けて、一言の答えもなく謝っていた。

翌日、また半兵衛が来て、あの守随を金沢山へ引き連れて行き、沢の深くに引きこんで、半兵衛は自分の刀でもって、守随の首を大根かなどのように討ち落とした。

召し連れて来た供の男も切ろうとすると、この男は泣きわめいて、「お助けください」と泣くので、

「おまえは雇われ者であるから、命は助けてやろう。二度と米沢へ足を踏み入れてはなら

ぬ」

と言って、許してやったという。

「このことをご披露されてはいかが」

と、村長たちが申したが、

「このような偽者を斬り捨てましたといって、披露すべきだろうか。ご披露などしては、かえってお上のお取り扱いになり、難しいことになる」

と言って、お届もしないで済ませた。この半兵衛は、七十余歳であったということである。

このことは、椚塚村の三右衛門という老人が話したことがあった。先年、自分が金沢村へ出勤したときに、この件を村長の孫左衛門という者に話したところ、「実《まこと》のことであります」と言った。この話は、宝暦（一七五一～一七六四）以前のことであろうか。

＊1　秤《はかり》の役元　秤座のこと。秤座とは、江戸幕府の特許を得て、江戸と京都で全国の秤の製造・頒布・検定に当たった町人。江戸秤座は守随氏で、東国三十三か国、京都秤座は神《じん》氏で西国三十三か国を支配した。

四十七　ある人、北御堀端《きたおほりばた》で夜中に老女を助けること

ある人、秋の夜更けに、北御堀端の平田道宣《どうせん》（米沢藩医）の前を通ったところ、道宣の前の西角の御堀端は、松の陰でうす暗いところであるが、そこにたいそう年老いた女が倒れていた。

その男は、いたわって助けようと近寄ると、老女は、

「先刻から、ここで転んで起きることができずにおりました。起こしてくだされ」

と、大変やさしい声で手をさし出す。その男は気の毒に思って、手を取って引き立てると、体は起きることもしないで、手ばかり伸びてきた。なお引っぱると、糸のような細い手は、五六間《けん》（一〇メートル程度）も伸びてきた。

その男は、薄気味悪くなって、足早に立ち去ったが、怪しいことだと思い、翌朝、わざわざあの所へ行って見ると、腐れた縄の伸びたのが、お堀に並ぶようにあった。

狐が老女に化けて見せたのだろうか。獺《かわうそ》ででもあったのか。ここは、夜中にまれに怪しいことを見る者が、時々ある所だという。

あれを見たという人は、お歴々であるが、夜更けに訳があって、一人の下男も召し連れ

ずに通ったということなので、わざと名は記さない。

寛政三年（一七九一）九月末、悪路の季節だったという。このようなこと、今もあることなのだろうか。

四十八　平の友盛のこと

さて、判官《ほうがん》殿（源義経）は、八嶋壇《やしまだん》ノ浦《うら》で平家を追討し、凱旋《がいせん》して、都に急がれたが、先頃、左殿《すけどの》（源頼朝）へ讒言[*1]があって、鎌倉へも入られず、洛中（京都）にも住みづらくなり、とにかく、西国の豪家の小形三郎を頼んで安堵《あんど》しようと赴かれると、豪族の何某《なにがし》らが敵対して出向って来て、かえって義経に討ち果たされた。西国の大名豊嶋蔵人、上野《こうずけ》判官小海太郎等も、また御船に逆らって、かえって討たれた。

今は、西国も頼めるところもないからと引き返して、都へと船に乗られて、大物の浦[*2]を漕《こ》ぎ出された。その日は、穏やかで、四方に雲はなく晴れわたり、波風もなく、朗々とした天気だったが、西の方よりにわかに一片の黒いはなれ雲が、矢を射るかのように出て来て、御船の上を覆った。

各々が、怪しいと見ているると、弁慶は、

「これは、ただごとではない。まさしく平家の怨霊である」

と言って、弓を押し取って矢を番《つが》い、切って放すと、黒雲は散乱して、あとは白波となったと。

また、一説には、大物の浦を過ぎられるとき、にわかに一天かき曇り、真《ま》っ暗闇《くらやみ》となり、荒波が逆立って、今にも御船をくつがえそうとした。判官殿をはじめ、いずれも、「怪しいことである」と言って、水主《か こ》楫取《かんどり》（水夫や楫取《かじとり》）共は大いにあわてて、顔色を変え、「早く帆をおろせ、早く船底にたまった水を抜け」と大いに動転した。

その時、真っ暗闇の波の上に、異形の者が現われて、

「そもそも、我は、桓武《かん む》天皇の後胤《こういん》（子孫）、平の友盛の幽霊である。アアラ恨めしや。どうだ、義経、思いもよらぬ浦波に、沈み沈んでいくその思い、今、思い知らせてやろう」

と、長刀《なぎなた》を取って振り回し、平家の巴波《ともえなみ》の紋のようにくるくると、あたりを払って、すさまじいありさまである。

その時、義経少しも騒がず、太刀を抜き払って、打ったり切ったりするが、幻の人に向うようで、ただ呆然として立っておられる。その時、弁慶が、打物業《うちものわざ》（刀や槍）では叶わ

ないだろうと、数珠をさらさらと押し揉んで祈られると、悪霊はたちまち立ち去って、跡は白波となったと。

　これは、既に友盛の謡《うたい》である。このことを、私の母の片廻《かたまわ》りの従弟《いとこ》の瀬尾太郎の弟の瀬尾次郎が、私の母にこっそり話したのは、
「平の友盛の幽霊とは言うけれども、実は蟹《かに》の幽霊である。しかしながら、蟹の幽霊だと言っては、外聞もどうかということで、友盛と名乗ったのだ。そういうことなので、弁慶に祈られて逃げるときは、横這《よこば》いに這った。しかし、これは、他言は決して無用」
と。次郎が言ったとのこと、母が申された。

　ある人が言うのには、「安徳天皇をはじめ、平家の一門残らず、壇の浦で入水《じゆすい》なされたのは、文治元年（一一八五）である。義経が大物の浦を漕ぎ出されたのは、翌年である。それまで、友盛一人で、義経に恨みを晴らそうと、蟹にもならず、海鼠《なまこ》にもならずに、海底に潜んでいられるだろうか」と。

　そうであるならば、瀬尾次郎の説は本当だろうと、母も申された。

＊1 讒言《ざんげん》 事実をまげ、またいつわって他人をあしざまにいいなすこと。中傷。
＊2 大物《だいもつ》の浦《うら》 摂津《せっつ》の国にあった碇泊所《ていはく》。四国九州への要港。文治元年（一一八五）平家追討のため源義経が船出した地として有名。現在の尼崎市大物町。

［参考］謡曲「船弁慶」。

四十九　玉石《たまいし》のこと

仙台の城下より六七里東の山郷の何村に、弥惣右衛門《やそうえもん》という豪家[*1]があった。田畑を多く所持し、召し使いたちもたくさんいた。

あるとき、山畑で玉石を拾った。いかにも普通でない石に見えたので、よく洗って磨き立ててみると、光り輝いて、だれに見せても、「明玉《めいぎょく》だろう」と言うので、たいへん喜んで秘蔵していた。大きさは、握りこぶしぐらいの石であった。

よい伝《つて》があって、京都へ持っていき、物師《ものし》（物事をよく知っている人）へ遣わして、目利《めき》き（鑑定）を頼んだ。「もっとよく仕上げたならば、何玉《なにぎょく》とか名も付くだろう」ということなので、大切にしまっておいた。

　あるとき、廻国巡礼《かいこくじゅんれい》の六十六部[*2]が、報謝宿[*3]として泊まった。夜通しの諸国の珍説の物語りをしていて、弥惣右衛門があの玉を取り出して見せると、

「これは、どちらからお求めになられましたか」

と言われた。

　弥惣右衛門は、山畑から先年拾ったことを話すと、その六部（六十六部の略）は、その玉を取り回し繰り回しして見た。しばらく見て、

「これは、玉ではあるけれども、不吉の玉と思われます。どうしてかというと、この玉の内に粟粒《あわつぶ》ほどの曇りが見えます。これは、破逆玉《はぎゃくだま》といって、逆さまに破ると言います。すなわち、この粟粒ほどの曇りより火を発して、大禍《おおわざわい》をする物です。早く、家から遠いところに投げ捨てるべきです。決して近いところには置いてはいけません。私が明日出立するとき、行先の淵か川へ投げ捨ててあげましょう」

と言った。

　弥惣右衛門は、大切に秘蔵して、京都へ持って行ったならば、どれほどの名玉かもしれないのに、この六部の話ばかりで、簡単に投げ捨てることを不快に思った。そしてまた、この六部はこちらが玉のことを知らない者だから、だまして自分の物にしようとしているかもしれないと思い、

「自分が、後で遠方に投げ捨てます」

と言うと、

「必ず必ず、ながながと置いておかれることのないように」

と言った。

弥惣右衛門は、この玉を、土蔵の階段の引き出しへ入れておいた。そうしたところ、翌年の春、あの玉から火が吹き出し、雷鳴のように響きがすさまじく、土蔵を打ち破って、その火で、正屋《しょうおく》（母屋）蔵々土蔵まで、一度に焼失したということである。怪しいこともあればあるものである。

これは、赤湯の弥陀都《みだづ》が話したことである。何郡何村とか言っていたが、地名は忘れた。文化（一八〇四～一八一八）年中であったとのこと、実説とのこと、弥陀都が話していた。

＊1　**豪家**　富貴で勢力のある家。
＊2　**六十六部**《ろくじゅうろくぶ》　廻国巡礼の一つ。書写した法華経を全国六十六か所の霊場に一部ずつ納める目的で、諸国の社寺を遍歴する行脚僧。
＊3　**報謝宿**《ほうしゃやど》　僧や巡礼を泊める宿。

五十　酒呑童子《しゆてんどうじ》のこと

私は、以前から疝気《せんき》の症（下腹のあたりが痛む病気）で、文化（一八〇四〜一八一八）年中の頃、毎年丹泉へ二回り＊1（一四日間）ずつ入浴し、当所の按摩坊《あんまぼう》の弥陀都《みだづ》を招いて、入浴のあいだに按摩をしてもらっていた。弥陀都が入ってくる度に、幼年の三男八郎に「むかし（昔話）語れ、語れ」とせがまれて、弥陀一《みだいち》（弥陀都の呼び名）は按摩しながら、

このようにして、渡部の源五武綱《たけつな》は、東寺の羅生門《らしようもん》で鬼の腕を切ったけれども、ついにその腕を取り返され、それから、なおなお鬼神ははびこって、すでに花園殿の姫君の婚姻の夜に、迎えの輿《こし》だと偽って、姫君を奪い取り、また、池田中納言殿の姫君は、花壇の前で消えられた。そのほか洛中洛外《らくちゆうらくがい》、日々夜々に、若い女が貴賤の上下の区別なくいなくなること、その数を知らない。その上、蔵や土蔵を破って金銀を奪うということも、数を知らない。

天皇は安倍《あべ》の清明《せいめい》を召され、お尋ねになると、清明は、「丹波《たんば》の国大江山《おおえやま》の鬼神の仕業」と申し上げた。禁裏《きんり》（宮中）では、十分に詮議《せんぎ》されて、武将源《みなもと》の頼光《らいこう》を召され、大

江山の鬼退治をお命じになられた。

頼光は、謹んでお請け申し上げ、それから、一人武者《ひとりむしや》平井《ひらい》の保昌《やすまさ》、四天王渡部源五武綱、臼井《うすい》貞光《さだみつ》、卜部《うらべ》の末竹《すえたけ》、坂田の金時《きんとき》の主従六人が、目立たないように山伏の姿に身を変えて、容易でない討っ手の仕事なので、氏神、八幡大菩薩《はちまんだいぼさつ》、熊野権現《ごんげん》、住吉大明神へ参詣して、深く祈願なされた。供人《ともびと》といった者は一人も召し連れなされず、おのおのが自身で笈《おい》を背負い、吉日を選んで出発して、丹波の国大江山へ踏み入れられた。

はじめのうちは、山賊の通う道しるべもあったけれど、五日が十日に至っては、

私の三男の八つの八郎、

「弥陀一、弥陀一、そのように幾日もかかるのに、御飯《めし》などは、鍋《なべ》でもお持ちになったべか」

弥陀一、

「おお、主従六人で、お供も連れず、米味噌などもご持参なされず、小釜《こがま》のような豆の粉の大きな焼き飯を、五六十個、その外に金時のほまち（小昼飯、おやつ）用に、飯椀《めしわん》ほどの大きさの焼き飯を二十個あまり、それもこれもみんな取り集めて、金時一人で背負ったとさ」

　それより深山に分け入られると、樵《きこり》、炭焼きの翁《おきな》、杣人《そまびと》（杣木をとる人、きこり）の通う道さえも絶えて、行き先もなくなってしまい、どうしようかと思い、みなが真心こめて祈られると、不思議なことに、白髪《しらが》の鬢髪*2を結った柴をかついだ男に出会った。

　頼光、駆け寄られて、

「どうか翁、大江山酒呑童子の城はどこか、教えてくだされ」

と言うと、その翁は指さして、

「あれあれ、ご覧なさい。はるか南に高嶺《たかね》が見えるでしょう、あれこそ千丈《せんじょう》が嶽《たけ》、鬼の城です。白く雲かと見えるのは、鬼の城から流れて落ちる滝の水、血潮に見えるときもあります。山がけわしくそびえ立ち、谷は深く、人間は更に行くことはできません。しかしながら、あなたたちは、私事ではない念願をもって踏み入れなされたので、どうして迷われましょうか。これより先は、その所その所に私がつけた手折《たお》りの枝を道しるべに行きなさい」

と、たいへん親切に教えてくれた。

　六人は、力を得て、「ありがたい、ありがたい。それでは、あの峰を越せ、この谷を下れ」と、杣人が教えた手折り手折りの枝を道しるべにして、奥に向って行っても迷わない、武士の勇み立つ心は頼もしい。

なおなお、深く分け入って行かれると、老松《おいまつ》が枝を連ね、ひっそりとしたさびしい幽谷*3に、呼子鳥《よぶこどり》（カッコウ）の声さえなくなって、なんとなく気味が悪く、ここだ、そこだと、岩に穴をあけ、木の根をつたって、谷へ下りられると、小さな柴《しば》の庵《いおり》があった。

立ち寄って見られると、これはどうしたことだろう、三社の神様がいらっしゃった。頼光はじめみな、思わずひれ伏し、頭を地に付けていると、八幡大菩薩は頼光を呼ばれ、星兜*4をくださり、熊野権現は神便鬼毒酒*5を、住吉明神は長柄《ながえ》の銚子《ちょうし》をくださった。

八幡菩薩が申されるのには、

「鬼の城ももう近い。この谷川を上りなさい。なおなお、影身に添って守るであろう」

と言って、羅綾*6の袂《たもと》をひるがえし、神は天に上られた。

人々は、お跡を伏し拝み、谷川に添って登られると、これはどうしたことだろう、十六七ばかりのたおやかな美しい女が、谷川に小袖《こそで》を浸していた。

金時は見つけて、

「やあ、化けたり、化けたり、あまいことをするな」

と、飛んでかかると、その女は、

「私は、化け者ではありません。都の者ですが、この山の鬼神に捕らわれて来ました。仲間の女が、童子の言うことを聞かないといって、昨夜腕を抜かれ、股《もも》を切られて、血をしぼって酒として、肉を切って肴《さかな》とされました。この世にいる時から責められる苦しみ、せめてこの血に染まった小袖を、都のとと様、はは様へ送ってください、この笄＊7を妹へ送ってくださいとの最期の一言に、涙ながらに洗っていたのです。

きのうは人の身の上、きょうは我が身の上、私の命も葉の上の露のように、今に消えるでしょう、その悲しさをかわいそうだと思ってください」

と、顔も上げることができずに泣いていた。

頼光は、不憫《ふびん》に思われ、

「我々は、その鬼神退治の勅命《ちょくめい》をいただいて来たのである。今夜、鬼神を討ち果たして、生きている者を都へ送ろう。死んだ者は、手厚く法要して弔《とむら》ってやろう。これから鬼の城へ案内せよ」

と言われたので、女はうれしそうに涙をぬぐった。

「私の後を見え隠れについて来てください」と言って、女は先に立って行った。みんな勇んで、「それならば」と続いて行かれると、鬼の城に着いた。

おのおのが一息ついて休んで、ふり仰いで見られると、岩の上に鉄《くろがね》の門が立っていて、門番の鬼が三人、鉄の棒をついて、「ああ、ああ、人臭い、人臭い」と言っている。

頼光が、

「私たちは山伏であるが、山路に迷ってここに来ました」

と言われると、鬼たちは、

「飛んで火に入る夏の虫、引き裂いて食ってやろう」

と、押しあって騒ぎ立てている。一人の鬼が、

「いやいや、このような珍しいものを、童子へ申し上げずに、我々の物にすることはまずいから、まずまず、お見せしよう」

と言って、

「インニン　ギヤラ　エンス　ウ　コウユウ　ロウ」

と、ただ獣が吠《ほ》えているようで、人間には少しも通じるものではなかった。

しばらくして、「こちらへ」と言われたので、六人の人々は座敷へ入り、頭《こうべ》を垂れてかしこまって並んでおられた。

その時、童子は左右に二十ばかりの美しい女に抱えられて、右手に鉄の棒、左手に大団扇《うちわ》を持って出迎え、

「我が住む山は、常の山でない。人間はおらず、地を走る獣《けだもの》や雲をかける鳥であっても、通うことは更にない。そなたたちは、どうやってここへ来た。おかしい。話せ、聞こう」

と言った。

　頼光は少しも動じなされず、

「ご不審はごもっともです。我らは出羽の山伏ですが、諸国の霊地霊山を拝もうという大願で、諸山を駆け回っておりましたところ、思わず山路に踏み迷い踏み迷いして、ここに来ました。童子にお目にかかったこと、ひとえに仏菩薩《ぶつぼさつ》のお引き合わせと存じます。一樹の陰も他生《たしょう》の縁（前世からの因縁）とこそ言いますから、ご慈悲で軒下になりとも、一夜を明けさせてくだされば、ありがたく存じます」

と、合掌して言われた。

　童子はしばらく見ていて、言葉をやわらげて、

「出羽の国ということだが、童子が生まれた故郷とも遠くなく、なんともなつかしく思われる。出家というならば、心配することもないだろう。安心してゆっくり休みなされ。それそれ、酒」

と言った。

　六人の面々、「まずはうまくやったり」と、互いに目くばせして、くつろいでいた。

　その時、眷属[*8]どもは、酒を持ってきて、肴には大まな板に太股《ふともも》と包丁をのせて出してきた。

童子は大盃《おおさかずき》で一つ飲み干して、

「どうだ、客僧たち」

と言ったので、頼光は盃を取って一つ請け、六人とも一つずつ請けた。

すると、童子はきっと見て、

「いや、客僧よ、われらの酒を呑まれるとは、不審なことだ」

と言った。頼光は、

「ご不審は、ごもっとも千万《せんばん》です。我々は、忍辱慈悲[*9]を守る身でありますから、慈悲（なさけ）といって頂戴する物ならば、血汁や肉塊というとも、食うことに二つの味わいはありません」

と言われた。

するると、童子は、言った。

「いやいや、客僧たち、血汁肉塊を食い慣れてしまわれたならば、ついには、童子のようになってしまわれるだろう。自分は今さら後悔しても甲斐はなく、思い悩んでもしかたがない。用心して用心して。

さて、客僧たちとこのような酒を酌《く》み交わすことも他生の縁、ことに出羽の国というのであれば、越後の国の並びで、どんなになつかしく思われることか。恥ずかしながら、童子の因果の物語を聞いてくれ。

童子だって、生まれたときからの鬼ではない。父もあれば、母もある。もとは、私は、越後の国の砂子《すなご》村、百姓拾兵衛の息子であったが、生まれつき美童で、くらべものがないほどの子どもだというので、学問のために国上《くがみ》の寺へ稚児《ちご》にやられた。一山（寺）の衆僧に寵愛《ちょうあい》され、その外あちこちの女たちから恋慕の文も数々あって、学問の妨げにもなるので、いっさい封も切らずに手本箱に押し込めておいたところ、あるとき手本箱が必要なことがあって、ふたを開けると、男女たちのたくさんの思いが炎となって燃え上がった。

その時、「ああら恐ろしい」と、かっとせきをきったようにのぼせてから、心が散り乱れ、自分ではなくなって、額《ひたい》に角が生え茂った。このような姿になってしまってはと、しばらく呆然としていたが、だんだんと心を静めると、額の角も見えなくなって元の姿となった。

しかし、僧たちの愛着はなお深くなって、夜中懐《いだ》かれて乳汁を飲みまわったが、後々は血汁を吸い出して、その味わいを忘れかねて、それからは肉むら（肉《しし》）へ食い付いたので、衆僧たちの愛もその興《きょう》も覚めて、「鬼児《おにご》だから」と、一山の皆が恐れて、ついに国上の寺を追い出された。

それからは、高野山《こうやさん》へ登り、これまた衆僧に愛されて、三千坊（たくさんの僧）の乳汁を夜な夜な吸い回っていたが、弘法大師に、「我が住む山だ」といって追い出された。それから、比叡山《ひえいざん》に登ると、伝教大師《でんぎょうだいし》に、ここでもまた、「我が山である」といって追い払われた。

それから、この千丈が嶽へ籠《こ》もると、両大師のような僧もいなくて、だれも咎《とが》める人もない。地を走る獣すら通うことはできないので、今は心のままで、世の中に恐れるものもない。

しかしながら、常に心にかかるのは、都に住んでいる頼光で、彼に付き従う一人武者だの四天王だのといって、究竟《くっきょう》の曲者《くせもの》どもがいる。この春二月、我が眷属の茨木童子《いばらきどうじ》が上京して、羅生門において、あの綱《つな》（渡部綱）に出会い、右の腕《かいな》を切り取られたが、しかしながら、ついにはその腕を取り返して、外科の治療をして継いだけれども、いまだ十分ではなく、時としてしびれて痛むことがある」と。

その時、頼光が、

「お名前の童子の号は、どちらからの御免許で」と。

童子、

「それなのだが、強悪の我になんの理由で許されようか、また、自分から名乗ったのでもない。幼年の時、世間の人々が、童子、童子、と呼んだのが名前になって、今では、眷属までもが、童子、童子と言っている。ここにいるのは、童子が強い片腕と頼む茨木童子、次に居るのは波羅門《ばらもん》童子、その次は石熊《いしくま》童子、酌を取っているのは虎熊《とらくま》童子、肉塊を切っているのは焼熱《しょうねつ》童子、以上五人である。

しかし、今、童子の手下だと言い触らして、悪党どもが多数はびこって、蔵や土蔵を破って財宝を盗み取り、その上辻斬《つじぎ》り追剝《おいはぎ》をして、そのすきに付け込んで、人商人《ひとあきんど》（人買い）がはびこって、洛中洛外で、見目《みめ》よい娘子どもを勾引《かどわか》して（誘拐して）、遊所に売って高い金を取り、あるいは遠島《えんとう》に売ってやって、過分な金を取ることが横行している。

今では、十人がしたことならば、一人は童子の仕業で、九人は悪党どもの仕業であるのに、ただただ、童子のしたこととして、その調べがないのは、武将頼光が政道に暗いからである。ああ、頼光の政道が正しかったならば、童子を恨む者は少なくて、せめては罪も少なくなるだろう」

と、涙にくれて語った。

その時、頼光、

「私ども、霊地霊山どのような深山幽谷へも踏み入っていて、難行苦行も予測しがたいので、薬用のために、出羽の粗酒を一竹筒持たせておりますが、口切り（新しく口を開けたもの）でもないので、童子へ差し上げることをさし控えておりました。もし、一盃でもお口に合いますならば、ありがたく存じます」

という言葉の後から、末竹が立って、銚子を持ち出した。

童子は、小盃をもって一つ受け、すっと飲み干し、物も言わずにいた。頼光が、

「いかが、お口に合いませんか、恐れいります」

と言われると、童子は、

「善いか悪いかいっさい味わいがわからない。できれば、童子のいつもの盃でお受けしたい」

と言って、差し渡し一尺（約三〇センチ）ばかりの大盃を差し出す。

末竹は立って、だんぶと注ぐと、童子は一気にぐっと飲み干し、一息ついて、「しゅっ、ふう」と言って、頭をはったと打って、

「薩摩《さつま》の泡盛、加賀の菊酒、出羽羽黒、南部の妻隠しのほいほい酒、その外、神戸伊丹《いたみ》、数多くの酒を飲んだけれども、このような名酒は初めてである。あつかましいが、もう一献」

と言うと、またまた末竹と貞光は立って、左右から注ぐと、二息で呑み干し、盃を下に置いた。

その時、頼光、

「御意に叶い、おおいに満足しました。私からお酌をしましょう」

と言うと、童子、

「自分ばかりこのような美酒をいただくことは、眷属どももさぞうらやましかろう。なんとも無心の至りであるが、お余りでもあれば」

と言う言葉の下から、末竹が銚子を回すと、眷属どもは二献ずつ受けるのに、茨木童子は引き続けて三献飲み干した。

その時、綱は立って舞った。


〽年ごとに、鬼の下草生ゆるとも、春の花見に切りて散らさん*10（毎年鬼の下草が生えても、春の花見の時には切って散らそう）

と謡うと、眷属どもはなにもわからず、「あら面白い、面白い」と手を打ってはやした。

頼光が、「さあ、お酌を」と、長柄（長い柄の酒器）を取り上げられると、童子、

「下地は好きなり、御意はよし（もともと好きなところへ好意をもって勧められるのだから、たまらない）。貴僧のお酌恐縮である」

と言いながら、一杯受けると一息に飲み干して、頭を垂れていた。眷属どもも数杯重なっ

たので、前後の正体もなかった。

この酒は、どれほど汲んでも尽きないのは当然である。熊野権現よりいただき、鬼に与えたならば、筋骨が萎《な》えて力が落ち、人間に与えたならば、筋骨健《すこ》やかにして気力を増すという神変無量*11の酒なので、どれほど汲んでも尽きることはない。

童子は、なにも考えずに頭を垂れていたが、しばらくして頭をもたげ、うちしおれた様子で涙ぐみ、

「われ、人々の金銭財宝を奪い取り、やんごとなき雲の上の人が、蝶よ花よと育てた、花の莟《つぼみ》の娘盛りをさらい取って、童子の気に入らぬ者を、背中を立ち割り、腕を切り、血をしぼり、股を切っては肴とした。嘆き叫ぶその声が、鬼の胸にもこたえるぞ。その父母《ちちはは》の悲しみはどれほどかと、悪逆無道*12の童子でも、木や畜生の身でもあるまいし。

それを思えば、日に三度、胸に焼く火が炎となって、等活地獄*13も目前で、責めが来る罰が恐ろしい。毎朝の寝覚めにも、露よりも先に立つ我が涙、心の内に念じ唱えて、仏の御名号《ごみょうごう》を唱え、来世の我を助け給えと、真《まこと》の腸《はらわた》を絞るけれども、今更なんとしよう方もなく、あらゆる神にも仏にも見限られ、真の鬼となって、悔いても返らない童子の身の上、不憫とお思いくだされ。

初めあるものは、終りがあり、花も盛りあれば、散る日もある、まことにはかない夢の

憂《う》き世、命は風前の灯火《ともしび》、葉上の露である。童子の栄華もいつまでか、夜は嵐が吹かないでもない、今宵消えるとも知らないはかない露の玉、都に帰って客僧たちよ、もしも童子の命が露と消えたと聞かれたならば、一遍の回向《えこう》をもして、童子に手向《たむ》けてくださるなら、どんなにありがたいか。

客僧たちにこのようにまで罪障《ざいしょう》（往生の妨げとなる罪）を懺悔《ざんげ》して頼むのも前世の縁で、一樹の陰に宿って、一河の流れを汲むことも他生の縁であろう。童子の身の果てをかわいそうだとお思いくださされ」

と、涙を流して声を上げ、袂をしぼって、顔も上げられないで泣いていた。

頼光はじめ五人の人々も、「鬼神に横道なし*14とは、このことであろう、今宵の成敗のことは少しも知らないでいる、かわいそうな者よ」と、互いに目と目を見合わせて、いっしょに涙を流された。さすがの金時も、栃《とち》の実のような大きな涙をぽろりぽろりと落としていたが、たまりかねて、大声を上げて泣いてしまった。

童子は頭を上げて、涙をぬぐって、

「言ってもしかたのない童子の身の上をこぼし、まことに恥ずかしい次第。これはひとえに、お持たせの竹筒のせいとお思いになって、童子は許してくだされ。酒興をさましては不調法《ぶちょうほう》でした。もう一献《いっこん》汲みましょう、それそれ、肴はないか」

と言う言葉の下から、保昌は立って扇を開き、

〽さて[*15]、おさかなはなになにぞ、頃しも秋の山草、桔梗《ききよう》、刈萱《かるかや》、吾亦紅《われもこう》、紫苑《しおん》と言うはなにやらん、鬼の醜草[*16]とは誰が付けし名なるぞ

その時、童子、扇を開いて、

〽飲む酒は数を添えると、顔も色付くが、赤いのは酒のせいだ、鬼とは思うな、恐れなさらずに我に馴《な》れなされば、面白い友とお思いになって、我もそなたのお姿、ちょっと見た目には、恐ろしげであるけれど、馴れてみればかわいい山伏

と。

なおなお盃が巡り、度重なれば、夜明けの空も花に酔ったのか、童子は、足元はよろよろと、いざようか、ただようかのように、二人の美しい女にもたれて、こちらの目には見えない鬼の間に入り、荒海のような障子を押しあけて、夜の臥所《ふしど》（寝床）に入っていった。

木の間をもれてくる星の光、すでに更けて行き、破軍星[*17]がめぐってきたので、時分はよ

しと、頼光らは次の間に立って、各々武具を着けた。頼光は、肌には鎖帷子[18]にらんでん鎖[19]りの鎧《よろい》を着けられ、八幡大菩薩よりいただいた星兜を着け、蜘蛛切丸の御太刀[20]を着けられた。

その外の五人の人々も思い思いの出で立ちで、童子の閨《ねや》（寝室）をうかがうと、岩屋に盤石（大きく堅い石）の扉を立てて、入りようもなかった。頼光は心中に、南無八幡大菩《なむはちまんだいぼ》薩《さつ》と祈って踏まれると、盤石は砕けて、童子の寝姿が現われた。

たいまつを振り上げて見られると、宵にはあれほどやさしかった美童子と引き替わって、寝姿の恐ろしいこと、七咫[21]余りの背中に黒毛が深く生えて、ふんぞり返って、岩も崩れるような高いびきで、前後も知らずに寝ていたのには、愛想尽き、身の毛もよだって恐ろしいありさまである。

頼光が大音声《だいおんじょう》で、

「どうだ、酒呑童子、悪逆無道の天罰真罰を思い知れ」

と叫ばれると、童子は目を開いて、むっくと起き上がった。

そこを御佩刀《みはかし》（貴人の刀）で、「南無八幡菩薩」と、ただ一討ちに討つと、首は虚空に飛び上がり、頼光を目がけて、炎を吹きかけ、舞い回るのを、太刀を振り上げられると、真っ逆さまに御兜《かぶと》にがっしと喰い付き、煎餅《せんべい》などを嚙《か》み砕くように、ワリワリワリと嚙んだ。

けれども、名のある御兜を百枚着けられていて、九十九枚までは噛み砕いたけれども、その下に着けられていたのは、八幡菩薩からいただいた星兜なので、少しも疵《きず》は付かなかった。

三男八歳の八郎、

「弥陀一、弥陀一、いかに頼光様だって、兜を百枚もおかぶりなされたら、頭が重くて、身いごかし（身動かし）もなるまい。あんまり多くはないか」

弥陀一、笑って、

「ほほう、まずそんな物だってことよ」


その時、金時すかさず、鬼の角を両手で握って引きはがして、傍らの岩屋へ、みじんになれと、ばったばったと打ち付ければ、どうして堪《た》えられようか、鬼神の息は絶えてしまった。五人の人々は、手足五体をずたずたに切った。

眷属どもは起き上がったけれども、宵の大酒で前後不覚となって、ただ、「くわばら、くわばら、くわばら、世直し、世直し」と、うろたえまわった。剣を振り上げて討とうとすると、踊りはねて、討っていくうちに、鬼は一人もいなくなってたちまち消えてしまった。

　金時は、早くも気付いて、鬼の根を絶やしてやろうと、岩間岩間、味噌桶《みそおけ》の陰など、物陰物陰を捜して、竹ぼうきで掃き集めると、きゅうりぐらいのから鼠《ねずみ》くらいの大きさの鬼子どもが出てきた。俵に押し込み押しこみすると、三俵もあった。

　保昌は声を上げ、

「都から捕らわれてきた女﨟[*22]たち、そのほか町人どもよ、残らず出てこい、出てこい」

と呼ぶと、ここの物陰、あちらの岩の間、あるいは味噌桶の陰からおどり出て、喜ぶこと限りなかった。

　それから、下山の御行列を整えた。頼光が、

「この鬼子の俵物は」

と言われるそばから、末竹は、

「前もって、門番の鬼どもを柱にくくりつけておきました」

と言って引き出してきて、

「おまえたち、命がおしければこの俵物を背負って、都までお供しろ」

と言うと、鬼どもは震え震え手を合わせ、

「命さえお助けくだされば、鬼子でも芋子《いもご》でも、都はもちろん、天竺《てんじく》までもお供いたします」

と言った。

そして、「さあ」と言って、その俵包みを踏ん張り足して、やっとのこんで（やっとのことで）立ったのだった。

金時は、童子の首を荒菰包み[*23]にして、自分が荷縄で背負った。

保昌は、下山のことを宿場の長から都へ申し遣わしたので、関白殿が天皇へ申し上げ、ありがたいことにお迎えとして、殿上人が遣わされ、輿《こし》だ駕籠《かご》だと騒ぎ立てた。そのほか、町家からも、我も我もとお迎えに出る者たち、また、見物人が近国から群衆して、洛中洛外はびっしりと透き間もなかった。

そしてその日になると、頼光はじめみな駿馬に乗って、行列乱れず、金時一人、菰包を背負って、のさりのさりと歩いた。重いのも当然で、鬼の首の目方は、風袋《ふうたい》を引いて、正味は十二貫三百目（約四十六キロ）強《きょう》という噂だった。

そうこうしているうちに、禁裏の御門前で、菰包みを開いて、すでに用意してある五尺（約一五〇センチ）四方の三方《さんぼう》（供物を載せるへりのついた四角な台）に載せると、童子のまなこは生きているかのように、かっと見開いている。人夫が大勢で御門内に入れると、突然眼を閉じたことこそ恐ろしや。

　それから天皇のお心の御伝達が終って、頼光はじめ五人の人々へ数々のご褒美をくだされ、金時へは特にご懇《ねんご》ろのご褒美があることを、関白様が仰せられた。

　それからは、なおなお政治はよくなり、武威（武力）をもって凶徒（悪者）を滅ぼし、仁をもって民を慈しみ、都はいうまでもなく、天下は太平で、四方の海も静かになって、国土は安全でめでたい御世《みよ》となったのであった。

　八郎、

「弥陀都、弥陀都、その門番の鬼どもが背負ってきた三俵の鬼子は、どのようになったべ」

　弥陀一、

「ほほう、それはな、あまり俵に押し詰めたので、途中でおおかた腐って、生きていたのは、ついに十匹ばかり。飯粒など食わせても食わないで、四五日にして死んだで、芥川《あくたがわ》という川へづぼかしたよ（投げ捨てたよ）」

　八郎が又、

「童子の首は」

弥陀一、

「おお、それは関白様が御拝領なされて、それより二条様、三条様とご覧なされ、あちらへ貸し、こちらへ貸し、段々に又貸しになって、ついに、行方無しになって、惜しいことであったとよ」

一

ある説に、酒呑童子の生まれた国は越後の国とのこと。

新潟より十里（約四〇キロ）余り西南、弥彦《やひこ》山の南に当たって、与板《よいた》街道の山際に、砂子村という小村がある。この村の入口の西のほうに、「童子屋敷」といって、この屋敷に家作《かさく》（家作り）する者は一代きりで、家作する者がなくて荒れ屋敷である。

柿の古木がある。むかしから「童子が柿」と言い伝えて、まだ青柿のうちに、一夜に童子が来て、もぎ取っていくことが毎年ある。その夜は、きわめて風雨の強い大嵐であるという。今も秋の盛りに大嵐があれば、「今年も童子が来た」と言って、翌朝見ると、青柿がさんざんにもぎ落され、木の下に青葉が散乱しているとのことで、申し伝えているとのこと。

童子が登山の国上寺は、弥彦の西南で、山の中ほどに、大杉の木立のところに見える大寺で、勤寺*24とのこと。

童子はこの寺を追い出され、立ち退くとき、名残りおしさに、立ち戻り立ち戻りしたという坂を、「童子が戻り坂」といって今もある。その外、いろいろこの寺には、童子の由来や形見などがあるという。

私は、文化十年（一八一三）十一月中、与板へ出かけたことがあった。*25ここを通ったとき、駕籠《かご》の者が「これが酒呑童子屋敷です」と教えてくれた。村の入口にあって、藪原《やぶはら》の荒れ屋敷に見えた。この砂子村は、家数もわずかで、山際である。貧しい村に見えた。

二

ある説に、曾我の五郎の弟の禅師坊《ぜんじぼう》は、幼年から出家して、箱根の走湯山《はしりゆさん》へ登らされて置かれた。

十四五歳のとき、学問のためにあの国上寺へ登ったところ、一山の僧たちで禅師坊の学業に並ぶ者がなく、末々は一山の柱となるべき人はこの僧であろうと、皆々恐れられたということである。

それなのに、建久四年五月、佐殿《すけどの》（源頼朝）の富士の御狩場《おかりば》において、十郎、五郎が父の仇の祐経《すけつね》を討ち果たし、その次の年に、五郎が御所《ごしょ》へ狼藉《ろうぜき》をして乱入、五郎丸に捕えられ、一通りのお調べで、翌日首を刎《は》ねられて、裾野《すその》の露と消えた。

そして、五郎の弟がいるということで、これをもご糾明《きゆうめい》は当然という上申によって、あの国上寺にいる禅師坊は、鎌倉からの召文《めしぶみ》（召喚状）によって、鎌倉まで到着したが、明日召し出されるとなったとき、禅師坊は、出家の身としてどのようなお咎《とが》めにあうかと、おおいに恥じて、自殺して死んだとのことである。

父の河津《かわづ》が討たれたのは、生まれる以前のことで、父の死後五七日《ごしちにち》（三十五日）して生まれ、幼いときに出家した弟である。父の仇討ちのことはいっさい聞かせられずにいて、禅師坊はいっさい知らないことなので、ご糾明といっても、たいしたお咎めもなかっただろうに、嬉《うれ》しくも一山の善知識《ぜんちしき》（高徳の賢者）ともなるであっただろうに、十八歳で自殺してしまい、諸人惜しまない者はなかったという。国上寺はこの寺のことであると。

＊1　丹泉《たんせん》　赤湯温泉のことを丹泉とも呼んだ。
＊2　鬢鬘《びんづら》　みずら。古代の男子の髪の結いかた。
＊3　幽谷　山が深くて静かな谷。
＊4　星兜《ほしかぶと》　兜の鉢に凸形の鋲《びよう》を打ち付けたもの。
＊5　神便鬼毒酒《しんべんきどくしゆ》　神変奇特《しんぺんきとく》と神便鬼毒とをかけた。

＊6　**羅綾**《らりよう》　うすぎぬとあやぎぬ。高級な衣服。
＊7　**笄**《こうがい》　婦人の日本髪の髷《まげ》に横にさす飾り。
＊8　**眷属**　一族。親族。従者。仲間。ここでは、手下、子分の意か。
＊9　**忍辱慈悲**《にんにくじひ》　はずかしめを堪え忍び、いつくしみ、あわれむこと。
＊10　**「年ごとに、鬼の下草生《は》ゆるとも、春の花見に切りて散らさん」**『お伽草子』（日本古典文学大系38）の「酒呑童子」には、「年を経て鬼の岩屋に春の来て、風や誘ひて花を散らさん」とある。
＊11　**神変無量**　人知でははかりしることのできない不思議な変化と、量の莫大なこと。
＊12　**悪逆無道**　道に逆らったひどい悪事で、道理にはずれたこと。
＊13　**等活地獄**《とうかつじごく》　八大地獄の第一。殺傷罪を犯したものが落ちる。五体が裂かれて死んだ後、涼風吹いて元の身体となるが、またこれが繰り返される。
＊14　**鬼神に横道《おうどう》なし**　鬼神には、邪道がないの意。「鬼神によこしまなし」とも。
＊15　「さて、おさかなは～鬼の醜草とは誰が付けし名なるぞ」から、童子が夜の寝床に入ってしまうまでの部分、謡曲「大江山」と類似。
＊16　**鬼の醜草**《しこぐさ》　紫苑の古名、鬼の縁で使用。
＊17　**破軍星**《はぐんせい》　北斗の第七星。剣の形をしていて、陰陽道《おんみようどう》では、その剣のさす方角を不吉として忌む。
＊18　**鋘帷子**《もじりかたびら》　捩り帷子か。麻糸をよじって、目を粗く織った裏をつけない衣服。

＊19 **らんでん錑り《もじ》**　螺田鎖《らでんくさり》か。『御伽草子』の「酒呑童子」に、「頼光の笈にはらんでん鎖と申して緋威の御鎧」とあり。
＊20 **蜘蛛切丸《くもきりまる》の御太刀**　源氏重代の名剣。源頼光が蜘蛛を切ったことからの名。
＊21 **咫《あた》**　上代の長さの単位。親指と中指とを開いた長さ。
＊22 **女臈《じょろう》**　上臈女房のこと。身分の高い女官。身分の高い婦人。
＊23 **荒菰包み《あらこもつつ》**　あらく菰で織ったむしろの包み。
＊24 **勤寺**　勤行をする寺という意か。
＊25『綱富一代記』に「文化十酉年十一月十七日、九郎兵衛殿御達、越後与板三輪九郎右衛門病死ニ付、御尋御使者被仰付……」とあり、作者の糠山（綱富）はこのとき、童子屋敷を訪れたと思われる。本書「解説」を参照。
［参考］『御伽草子』の「酒呑童子」、謡曲「大江山」と同じような文体、表現が見られるので、これらの影響を受けていると思われる。

瑞龍院　稲荷神社（平成2年撮影）
（「二　高玉村瑞龍院、狐のこと」）

皂壇（さいかちだん）（平成28年撮影）
（「二十九　浅間五右衛門、塩野村の小桜を投げること」）

解説

本書の「はじめに」で、簡単に『童子百物かたり』について説明しているが、ここでは、かつて出版された水野道子編『米沢地方説話集』（一九七六年）の解説に手を入れたものの外、解説を入れられる話を取り上げてみた。

なお、題や引用文の表記は、本書の現代語訳ではなく、『米沢地方説話集』の『童子百物かたり』によった。

一 成立・動機

『童子百物かたり』は、米沢藩士吉田糠山《こうざん》（綱富《つなとみ》）（一七五六〜一八四九）が天保十二年（一八四一）に数え八十六歳のときに著したもので、話数は五十、目次に「上目録」とあり、その末尾に、「下五十章未出来」とある。下巻は今のところ不明。上巻を著した時にすでに高齢であったことから下巻は著せなかったと思われる。

本書を書いた動機や意図は、序文によってうかがうことができる。

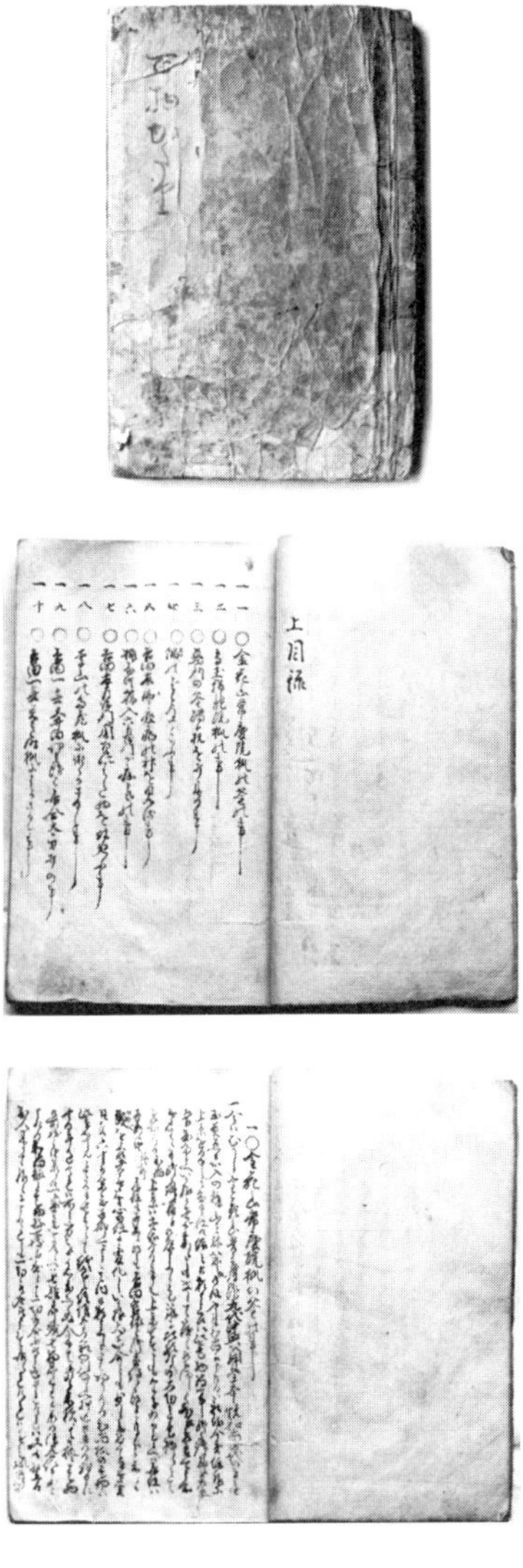

『童子百物かたり』
（市立米沢図書館蔵）
上：表紙　中：目次
下：「一　金花山常慶院狐の釜の事」冒頭

> 孫や彦らもぢゝばゝに成たらバ、又孫ら彦らに、むかし〳〵とはたられなん。其節の種にも成なんと、明日をもしらぬ耄のはかなさに、追〻書綴りて種を蒔置、童子百物かたりとは成しぬ。後のぢゝばゝ達、是に増補してかたり聞せ候得。

というように、自分がいま、孫たちに昔話をせがまれているが、その孫たちも年寄りになった時、また孫たちに昔話をせがまれるだろう、その時の話の種にと思いやって、この書を書いたとしている。糠山は後の年寄りたちに、増補して孫たちに話してきかせることを期待している。
またこの序文にある、
おぢゝ様、むかし〳〵といふ。ヲゝとて、むかし〳〵ぢゝは山へといへバ、イヤ〳〵そんなハ古い〳〵、今ハぢゝは川原へ、ばゝハ山へ柴切りにと、今とむかしのひっくり返りたる事の時世なれと、こまつて居れば、
のところの、「ぢゝ」と「ばゝ」の役割がひっくり返っているご時世というのは、当時から今と同じようでユーモラスである。

二　内容

内容については、変わった体験や不思議な体験・事件を扱ったものが多く、おおよそ世間話で占められている。著者自身の体験や、身内や親戚、近隣、知人から聞いた話を材料としたものが多い。

その中に、昔話や世間話の型を持った話もある。

昔話の型を持つものとしては、「三十四　うそこき名人の事」があり、『日本昔話集成』の四九二「法螺《ほらふ》吹き童児」に該当していて、広く知られる話である。

「八　李山村多蔵狐にばかさるゝ事」の話は、「馬の糞《くそ》団子」「風呂は肥溜《こえだ》め」の型の世間話である。

「四十　西海枝彦兵衛家二度びつくりの事」は、「こんな顔」や「二度の威嚇」という型の世間話である。これは、『米沢里人談』（一八〇一年）に似たような話がある。

その他一般に知られている「船弁慶」（四十八　平の友盛の事）や「酒呑童子」（五十　酒呑童子か事）の話もある。また、実録物に出てくる丸橋忠弥の話（三十六・三十七・三十八）もある。

伝説としては、「一　金花山常慶院狐の釜の事」に今も残る文福茶釜の由来が記され、「二十　大木の事」の中には、大夫黒という名馬が出た池黒村について記されている。また、「三十　座頭金玉殺さるゝ事」は、伝説としてではなく米沢近辺のできごととして世間話化して記されているが、同じ話が仙台には金玉塚にまつわる伝説としてある。

また、「四　隅のば様と云事」には家の神霊に関する民間伝承がうかがわれ、「四十五　関戸甚六弘法大師を捕ふる事」には臼の目切という民間伝承がみられ、民間信仰の一端をみつけることができる。

これらについて詳しくは、後掲するそれぞれの話の解説で紹介したい。

三　話の進め方

話の進め方は、実際の話の場を想定して書かれている箇所が多い。文中には、ときどき著者も顔を出して、語ったり聞いたりしている場面が描写されている。また、文体もやさしく、相づちや会話が入り、子どもに語ってきかせるものという感じがよく出ている。例えば、次のような箇所である。


予が狐むかしも数〳〵止されハ、人々倦果て、大欠《あくび》し玉ふに付、狐むかしハ先ツやめたにして、狐化して大木となる。

（十九　田滝甚蔵馬場尻にて坊主を見る事）


「斯る山椒の木神武以来の古木ともいふへし」といへハ、坐中、「イヤ是にハ〳〵」と斗也。然るに、又一人進ミて申けるハ、

（二十　大木の事）

予兼て疝気の症にて、文化年中之頃、年毎丹泉江二廻りツヽ入浴中、当所、按摩坊弥陀都を相招き、入浴之間按摩之時、幼年の三男八郎、弥陀都が入来之毎度、むかし語れ〳〵とはたられ、弥陀一あんまなからに　（五十　酒呑童子か事）

始の程ハ山賊の通ふ道しるべも有けれと、五日が十日に至りてハ、予が三男八ッの八郎弥陀一〳〵、其様に幾日も懸るに御飯抔ハ鍋でも御もたせニ成たべ歟。弥だ一ヲゝ、主従六人で御供も召れす、米ミそ抔御持参もならず、小釜の如くの豆の粉の大やき飯にして、五六十、其外に金時がほ待小昼飯ニ、めし椀程な焼めし二十ヲ余り、夫レも是も皆取り集め、公時一人で背負たとさ。　（五十　酒呑童子か事）

四　話の伝聞

話の伝聞については、いつ、誰から聞いたか、話はどこから取り入れたか、著者は、各話のなかに記していることが多い。次に例を示す。

是ハ宝暦の初年の頃之事と聞ゆ、彼の伝之丞ハ町内之事なれハ、相違なき事也とて、

祖父かむかしにかたり為聞たる戯言也。（六　桶屋町輪入六左衛門が疝気の事）

是ハ天明の末年頃之事ニ候得しよし。同じ屋敷の浅之助がはなしなれば、嘘ニハあらす、実の事なり。（八　李山村多蔵狐にばかさるゝ事）

予か幼年之時分、祖父が噺に、（二十七　火付ばゝの事）

愚老が母方の曾祖父小川金平と云者（中略）祖母か父なれハ、祖母之噺し、愚老七八才之時分聞たる事、不束に書綴候事なり。（三十八　白井西雲棒修錬の事）

予、此むかしを若年之時聞たるむかし也。予、天明の末年頃、関戸の一男、五十騎宮専右衛門江心易く、或雑談之節、右件之事承り候へハ、（中略）福沢村ニ而大師様を泣せたる事ハ聞ざる事と申けり。目立道具取り上たる事ハ、福沢村の老人の噺なれは、偽りも有まし。（四十五　関戸甚六弘法大師を捕ふる事）

是ハ赤湯の弥陀都がはなし候得し。何郡何村と歟申候へしが、地名ハ忘れ候。文化年

中ニ候之由、実説之由、弥陀都はなし候得し。（四十九　玉石の事）

文化年中之頃、年毎丹泉江二廻りツヽ入浴中、当所、按摩坊弥陀都を相招き、入浴之間按摩之時、幼年の三男八郎、弥陀都が入来之毎度、むかし語れ〳〵とはたられ、弥陀一あんまなからに（五十　酒呑童子か事）

話の伝聞について分類してみると、次のようである（漢数字は説話番号）。

著者自身が体験した話（二・四・十四・十八・二十・四十一）がある。

そして著者の親や先祖、縁類の人が話題となっている話（五・七・九・十・十三・十六・二十五・二十六・二十九）が多くあり、それらは当然、親や祖父母、親戚、近所の人から聞いたとか、先祖からの申し伝えであったりしている（五・六・七・八・九・十・十六・二十五・二十六・二十七・三十一・三十八・三十九・四十八）。

その外、役人であった頃出かけた先で聞いた（二・二十・四十一・四十六）、寺の和尚から法事の席で聞いた（五・二十三・二十四）、月待ち、日待ちに若い衆が集まった雑談で聞いた（二十）、按摩坊《あんまぼう》から聞いた（四十九・五十）などである。

当時流行っていたと思われる謡曲や実録物からと思われる話もある（二十・三十六・三

十七・四十八・五十）。かつて吉田家の古文書の整理をした際、謡の本や実録物の写本が数多くあり、当時はそれらが流行っていたと思われる。そこから影響を受けていたのかもしれない。

五　米沢の説話集

米沢の説話集としてまとまっているものは、『童子百物かたり』のほかに、藁科立遠『井蛙鄙談』（一八〇一年以前）や小越春渓『怪譚雨夜の伽』（一八六四年）などがあげられる。そのほか、国分兎山『米沢里人談』（一八〇一年）の「上」は地誌であるが、「下」には米沢の史談珍談などが記されていて、取り上げられている話は、『井蛙鄙談』の話と重なるものが多い。『童子百物かたり』の「十二　川内勘大夫石仏を切る事」「二十七　火付ばゝの事」「四十　西海枝彦兵衛家びつくりの事」は、『米沢里人談』下にも同じ話題の話がある。これらの話は、事件が話題になっていて広く知られていたものと思われる。

長沼牛翁『牛の涎』（一八三四年以前）は四十巻の随筆集である。下長井出身で、長崎で蘭学を修め、江戸で医業をしたという著者のこの書には、米沢だけでなく日本全国のさまざまな話が記されているが、説話集という形にはなっていない。

六　著者について

作者吉田糠山《こうざん》は、米沢藩の藩士で、宝暦六年～嘉永二年（一七五六～一八四九）の人で、糠山は雅号、本名綱富《つなとみ》、通り名は作弥《さくや》である。晩年の上杉鷹山《ようざん》公に三之丸御殿の御台所頭として勤めた。

吉田綱富については、「はじめに」でもすでに簡単に触れているが、ここでは、吉田綱富の経歴と係累について、すでに私の父の吉田綱夫が、吉田綱夫訳註『童子百物かたり』

90歳の綱富が描かれた掛軸
（弘化2年、市立米沢図書館蔵）

（私家版）の中で、「吉田綱富略歴」として『綱富一代記』から一覧にしているので、再掲載させてもらうことにする。ただし、現行字体表記に改め、形式の整理を行った。

吉田綱富略歴

吉田作弥綱富、幼名留之助、号糠山は宝暦六年（一七五六）十一月、猪苗代組一人半扶持二石五斗吉田藤助の次男として、南原方、猪苗代町に生まれた。兄新五郎（一七四六〜一八〇三）は同組同町古藤孝右衛門の名跡となり、孝右衛門と改め、後猪苗代組五十人頭となる。姉は同町同苗、五十騎組吉田盛衛（吉田一無名跡の子）に嫁す。作弥十歳にして母に死別、祖母に養われる。


（二〇歳）安永四年（一七七五）八月　父藤助、福沢口御番所勤め被仰付、家内（祖母共に三人）引越勤め。

（二三歳）同七年　十一月　二十日　父藤助病死。（病中二年八か月）

（二四歳）同八年　二月　十一日　家督、一人半扶持二石五斗。願いの上、そのまま福沢住居、諸口御番所勤め。

（二六歳）天明元年（一七八一）八月　糠野目口御番人代役被仰付、御擬一か年に九十文、その後二度御差止めの後、定番人被仰付。（天明三年八月まで）

（二九歳）同四年　正月　糠野目口御番人仮役被仰付。（同年四月まで）

（三〇歳）同五年　九月　籾御蔵役被仰付、同六年九月まで。

（三二歳）同七年　九月　籾御代官所懸役被仰付、御加恩壱石御手当米一か年に五俵被成下。

（三四歳）同九年改め寛政元年（一七八九）五月　六日　福沢村より南原本宅へ帰住。

（三五歳）寛政二年　六月　御役所日記方被仰付、御加恩御加扶持元取共に、二人扶持五石被成下、組離れ御役所支配。

（三六歳）同三年　五月　二十三日　学館御役方被仰付、御給恩是迄の通り、元組猪苗代に被召返。

（三八歳）同五年　三月　八日　竹俣兵庫御付物書被仰付、寛政十年三月まで。

（四三歳）同十年　六月　八日　改所御役方、御酒蔵兼帯勤被仰付。

同年　六月　十四日　仲ケ間十人頭被仰付。

同年　七月中　渋川入り横川の内、御留石につき検分、存寄り申し上、その通り御留め山となる。

同年　十一月　十四日　精勤衆に抽るの故を以って御賞八百疋。

（四六歳）享和元年（一八〇一）七月　十九日　（改所勤中）最上百姓騒動につき御出勢待機中頭役有江政右衛門書役被仰付。（御出勢なし）

（四七歳）同二年七月　（改所勤中）豊前国儒者倉成善司逗留中、右取扱御賄方被仰付。

（四八歳）同三年　正月　岩城百姓騒動聞繕被仰付、忍にて岩城出張。

同年　七月　六日　猪苗代元家大破につき、新築引き移り。

同年　七月　十一日　郡割所惣頭取、御役屋引越勤被仰付、御加扶持御加恩元取り共に三人扶持六石に被成下。席の儀は御代官所元締次席被仰付、御手当米一か年に拾俵被成下。

（五〇歳）文化二年（一八〇五）四月二十一日　御役所役被仰付、御加恩元取共に、二人半扶持十石、郡割所惣頭取兼帯、家内引越勤被仰付。

（五二歳）同四年　六月　八日　同年　六月　蝦夷松前騒動につき御出勢待機御取調御用掛被仰付。

同年　十一月　十四日　撰苧売買方御組立御用掛被仰付、会津御役筋へ二度出張。

撰苧御改法一件相破れ、町奉行所に於て御吟味、内慎、十二月二十四日御裁許、御政事所慎被仰付、日貞五日御免。

（五三歳）同五年　八月　会津御出勢、蝦夷より御帰陣御通過につき御用懸被仰付。

（五四歳）同六年　十一月　二十七日　若殿様御国政為御見習御帰国につき右御用懸被仰付。

（五五歳）同七年　十一月　十日　若殿様御発駕御用懸被仰付。

同年　同月　十八日　江戸表御直衆の隠居、朝野北水より乗水之一条樋の仕立て方など伝授方被仰付。

（五六歳）同八年　五月　五日　庄内侯江戸御参勤御領内通過につき御用懸被仰付。

（五七歳）同九年　四月　御城下出火の節、徒罪共引連消火方被仰付。

同年　七月　九日・十六日　両度の洪水につき、川除き普請御用懸被仰付。

同年　十一月　十七日　越後与板三輪九郎右衛門病死に付、御尋として御使者被仰付。

（同心壱人、槍持壱人、小者壱人共）

（六三歳）文政元年（一八一八）四月　大手御門新建御普請につき御用掛被仰付。

（六五歳）同三年　正月　六日　登城の上、其身一代御馬廻組に被召入、三之丸御殿（治憲住居所）。

御台所頭被仰付、同十八日御役屋引き払い、南原へ引移る。

同年　六月　三日　鶴千代様御誕生御祝品の御使者被仰付、御本城へ使。

同年　同月　二十二日　御帷子一枚御召下被成下。

（六六歳）同四年　六月　二十七日　御綿入れ一ツ御召下被成下。

（六七歳）同五年　壬正月　六日　浄鏡院様（鷹山実際上の妻）御遺金百疋御遺物御銚子一対被成下。

同年　三月　十一日夜　元徳院様（鷹山治憲）御逝去。一同御役場詰切。

同年　三月　十九日　元徳院様御葬送に燭台持ち御供。

同年　五月　三日　御遺物として奈良茶碗十、金二百疋被成下。

（六八歳）同六年　三月　二十五日　三之丸御殿を駿河守様御住居所に可被為進旨被仰出、右御屋敷将
改而被仰付。

（六九歳）同七年　六月　十五日　御召下御紋御上下一折被成下。

同年　九月　二十日　風邪不参の所、御尋被成下、御膳下御飯被成下。

（七一歳）同九年　十二月　十六日　御役場向精勤に付、一金小判一枚被成下。

（七三歳）同十一年　五月　二十五日　老年に付隠居願。

同年　八月　十八日　老年御苦労ながら病身にも無之とて隠居差止、一金小判一枚被成下。

（七五歳）同十三年　五月　十九日　隠居願、馬廻組の者の御取成書を添え差出す。

同年　七月　十八日　色部弥三郎屋敷に於いて隠居認可、一金小判二枚、勲功御賞格別

として被成下、元組猪苗代へ召返、御給恩弐人半扶持拾石取来候
儘、家督丈助へ被成下。
（九〇歳）弘化二年（一八四五）正月元日　歳九十、長寿稀也として御衣服並びに御扶持被成下。
（九四歳）嘉永二年（一八四九）十一月十三日　死去。満九十三才丁度、高壽糠山居士。

吉田綱富の係累

先妻　糠野目御役屋付　御手明　稲積十右衛門　女
　長女　いち　猪苗代　橋爪久四郎　妻
　長男　丈助　藤左衛門
後妻　千坂家用人　山崎彦左衛門　女
　二女　梅　御代官　佐藤太郎兵衛　妻
　三女　あさ　組外　佐藤孫次　妻
　四女　いわ　御役所役　藤崎紋蔵　妻
　五女　竹　組外　鳥羽十兵衛　妻
　次男　七郎　御馬廻二番組　本田源五郎　名跡
　三男　八郎　組外　中島彦右衛門　名跡
　四男　九郎兵衛　夭死

七　綱富の著書

吉田綱富の著書を一覧にして掲出する。関連する書籍、論考等も※を付し、併記した。

『猪苗代公務手引草』文化十四年（一八一七）九月。吉田綱富が草稿（浅見善次、小泉友四郎が増補、文政三年（一八二〇）高野猪熊が増補して書籍となった）。

「鉄砲舞の書き留め」文化十五年（一八一八）。斧川（小野川）温泉湯治中、隣座敷での唄と踊りを書き留めて、俳諧仲間に送ったもの。

※水野道子「鉄砲舞の書きとめについて（資料紹介）」『藝能史研究』第七十九号、藝能史研究會、一九八二年。

『蛙之立願』文政七年（一八二四）。表紙題簽には「不知足　䖴廼里婦願　全」「序文　蝶々夏亭よし丸」「画　雪斎」「外題　真畔」とある。七十歳で隠居願いを出したころの心境を蛙との問答に託している。

『猪苗代町古来屋鋪並幷見聞雑記』天保十二年（一八四一）正月。

※吉田綱夫訳註『猪苗代町古来屋鋪並幷見聞雑記』一九七八年、私家版。

※『吉田綱富見聞雑記』米沢市史編集資料、第三号、一九八一年、米沢市史編さん委員会。

※吉田綱夫編「南原猪苗代町物語」『置賜文化』第八十九号・第九十号、置賜史談会、一九九一年十一

月・一九九二年五月。
『童子百物かたり』天保十二年（一八四一）二月。説話集。
※水野道子編『米沢地方説話集』伝承文学資料集第九輯、一九七六年。
※吉田綱夫訳註『童子百物かたり』一九九九年、私家版。
『玉あられ』天保十年（一八三九）。俳諧集。
『米の春』弘化元年（一八四四）。俳諧集。糠山の米寿を祝っての句集。
※『米沢の俳諧』米沢市史編集資料第四号、一九八一年、米沢市史編さん委員会。
『綱富一代記』弘化三年（一八四六）閏二月十七日の記事が最後。「嘉永二巳年（一八四九）十一月十三日、九拾四にて病死」と別筆で記載されている。
※吉田綱夫翻刻『綱富一代記』一九七七年、私家版。
『糠山夜話』二冊。『米澤市史』（一九四四年）に書名が記載されているが、所在不明。

『冬野之残草』（同右）。

八　話ごとの解説

ここでは、過去に調べた資料をもとに解説できる話をとりあげたい。かつて報告書などに発表したものに手を加えたものが多いことをお断りしておく。

狐むかし（序）

序のところで、「狐むかしを」と請われて、「関興《かんこう》の渡部藤兵衛」「草の岡おさん狐」「法《ほう》隆墳《りゅうづか》のびつこ狐」「浅川山のおよめ狐」「糠森山《ぬかもりやま》の弥八郎狐」と名前が挙がっているが、「糠森山の弥八郎狐」（「一　金花山常慶院狐の釜の事」）以外は、当時どのような話だったのかは不明である。

上：関興庵、下：稲荷明神（平成30年撮影）

ただ、関興の藤兵衛狐については、現在米沢市中央五丁目にある関興庵の中の稲荷明神にまつわる話ではないかと思われる。

「正一位渡部藤兵衛稲荷大明神縁起」によると、天正六年（一五七八）の御館の乱で活躍した「渡部藤兵衛」なる武者の姿を戦い後に探したが見つからないので、日頃より信仰している稲荷明神に先勝を報告したところ、狐穴の辺に渡部藤兵衛の印のある鎧兜・槍が置かれており、武者が土地（南魚沼郡石内村）の神・稲荷明神の応現であったことを知った。上杉家の崇敬の念は高まり、正一位南方権現渡部藤兵衛稲荷大明神と称号され、慶長六年（一六〇一）関興庵が米沢に移るとともに、稲荷堂も建立された（『米沢の神社・堂営7—北部地区—平成二十三年度郷土資料調査報告書』米沢教育委員会）というような話である。

また、武田正『置賜の伝説』（東北出版企画、一九七九年）の「関興庵の藤兵衛狐（米沢市）」には、藤兵衛狐が作左衛門の気丈な娘の足下に女の首をごろんと出して驚かせて気絶させた話がある。そのほか、関興庵の狐は、魚屋で木の葉の銭で魚をせしめたり、多数注文して自分の穴にもってこさせたり、大晦日に塩引きを人の背から盗って、代わりに卒塔婆を背負わせたりしたという。だが正一位稲荷の称号をうけてからは、すっかり悪行もおさまって人助けをする狐になったということが記されている。

武田正『米沢市六郷・宮井の昔話（一）』の「まま子いじめ」の34には、「感興庵の藤兵衛狐と方領塚のびっこ狐」の話がある。二疋の狐は仲がよかった。馬喰《ばくろう》と馬にそれぞれが化けて、旦那衆をだますのだが、馬喰に化けた感興庵の狐ばかりが御馳走になったので、馬に化けた方領塚の狐は怒ってけんかして、負けてびっこになったという話である。

そのほかの「草の岡おさん狐」や「浅川山のおよめ狐」についての伝承はわからなかった。

「一　金花山常慶院狐の釜の事」（「三　高玉村瑞龍院狐の事」）

この話は、米沢市横堀町の常慶院に伝わる話で、狐の釜は現存している。
平成二十六年（二〇一四）常慶院を訪ねると、この狐の釜は寺の床の間にきれいに飾られていた。茶釜の上には、茶托《ちゃたく》で蓋がされてその上に石が載せられていた。かつて昭和四十六年（一九七一）、私が先々代のときに訪ねた折には、茶釜には蓋はなく、釜の中には米が少し入れられて床の間に飾られていたのだが、現在の住職の母親が蓋のかわりに茶托を載せたのだという。

『広報よねざわ』に掲載されていた「城下町ぶらり歴史探訪」（一九九三年四月～一九九九

狐の釜
上（1点）：平成26年撮影
下（2点）：昭和46年撮影

八年四月）の「常慶院の文福茶釜」のところに、「この常慶院には、狐のくれた文福茶釜と伝えられる珍しい茶釜があります。鉄製の古い釜で蓋はなく、代わりに木の蓋の上に石（幻術が解け鉄蓋から石にもどったものと伝えられる）が置かれています」とあるのだが、先々代にお会いした当時には、蓋はもともとないとの話で幻術が云々の話も聞いていなかったので、少し驚いた。話は変化して伝聞していくのだと思った。

話は、弥八郎狐の留守中、狐の巻物を預かった和尚が、お礼に茶釜をもらい、釈迦如来説法の様子を見せてもらうという話である。このほか、その後の話が付け加えられている。売り払われた釜が、夜中に踊り出すなどいろいろ怪しいことがあって寺へ戻ってくる話、疫病流行の時この釜で供御を炊いて施して救ったという話など、釜の霊験が記されている。

一般に知られている昔話の動物報恩譚の文福茶釜の話とは少し違い、群馬県館林市の茂林寺に伝わる「分福茶釜」の話の汲めども尽きない茶釜や釈尊の説法などの話と近い。

狐の釜については、米沢温故会の会誌『温故』第十七号（一九九〇年八月）で常慶院先代住職の金藤良一氏が、

口碑及び研究者の説では、群馬県館林市の茂林寺にある有名な「狸の釜」とは兄弟釜で、もとは大中小の三つ組とも云われ、大中の二つが現存し、小の釜は残念ながら不明と

のことである。当寺の茶釜は謙信公が用いられたと伝わる上杉定紋入りの三宝に安置されている。（中略）材質による学術調査では製作後千数百年という結果が出ている。

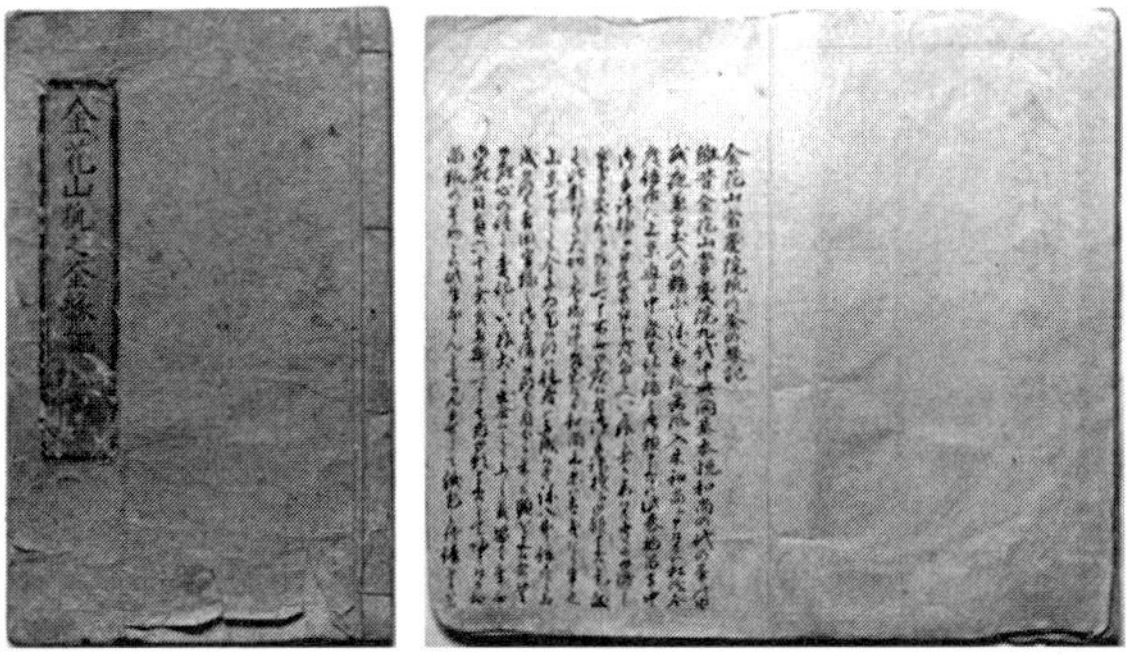

『金花山狐之釜縁記』（常慶院蔵）

と、述べている。

この常慶院に『金花山狐之釜縁記』という書がある。この縁起の内容文章は、『童子百物かたり』の「一 金花山常慶院狐の釜の事」と「二 高玉村瑞龍院狐の事」とほとんど同じである。ただ「二 高玉村瑞龍院狐の事」のタイトルが縁起のほうでは、「高玉村本地瑞竜院狐之事附録」となっており、『童子百物かたり』のほうで、著者の糠山が「予」と記しているところが、縁起のほうでは、「役所役吉田作弥」と著者の役職と通り名が記されている。

縁起の最後には、「檀越掟」が載せられている。五件の掟が記された後のほうに、「安政六巳未（一八五九）季秋」とあることから、この縁起は、『童子百物かたり』

（天保十二年／一八四一）より後に書き写されたものということがわかる（水野道子「常慶院『金花山狐の釜縁記』」『伝承文学研究』第十六号、一九七四年七月参照）。

小越春渓『怪譚雨夜の伽』（一八六四年）には、「糠山の霊狐」として、『童子百物かたり』の狐の釜の話とほぼ同じ内容の話が記されている。要約すると、

常慶院（昭和47年撮影）

弥八郎狐は巻物を和尚に預け、稲荷昇進のため京都へ出かける。土産に文福茶釜をもらう。この釜で飯を炊き、少しずつを残せば元のようになって尽きないという。釈尊の説法の体を見せられるが、拝んでしまい、消えてしまう。

という話で、『童子百物かたり』にあるようなその外の余分な話は付けられていない。話としては、作品として完成しているように思う。この話の終わりに、「按するに、此釜を文福といふ事謂れあるへし。是も聞きたる様なれとも、不束の事もあれは、委を糺して追かすへし」とある。

長沼牛翁著の『牛の涎《よだれ》』第二冊正編七巻に、次のようにある。

○常慶院　米沢南原常慶院と云宗洞宗の寺に狐の法華経を講釈せしを聞書せし書数巻あり狐のくれし茶釜もあり同所笹野村糠山の白狐釈迦如来の説法の真似して衆僧に聞かせし事あり此時の聞書なるか

『牛の涎』の成立年は不明であるが、長沼牛翁は、天保五年（一八三四）没ということで、それ以前の成立となるので、天保十二年成立の『童子百物かたり』の狐の釜の話もきっと以前から語られ広まっていた話と思われる。

「三　墓所の釜場に杭を打来る事」

自分の着物の裾をはさんだりひっかけたりして騒ぐというような、現代でも聞いたことがありそうな世間話である。『民話の手帖』第三十八号（一九八八年）の「宮城の語り手と語り」で、砂金範男さんの語りを見つけたので、紹介する。

お墓の賭と食い物の賭はしねえもんだ

元気のいい若《わけ》え者《もん》があったんだと。

「やあ、どこそこの爺《じん》つぁま死んだっつうんだが、死んだらなにになるのや」

「死んだらそのまましゃ」

「んだら、そのお墓さ夜杭をぶってきたらば、そいつさ酒飲むくれ飲ませて（飲みたいだけ飲ませて）、お菓子食《か》せてえくれ食《か》せるが、だれか行く奴ぁいねえか」

ってことになったんだと。

したら、その元気のいい若《わけ》ぇ者ぁ、

「んだこと、なにや。夜っつたって、夜なんか昼の暗くなったんだから、たいしたことね」

ってね。みんなはおっかねくなったが、その若ぇ者は、

「なにおっかねのや」

って、棒杭持って行くことにしたんだと。

今のようにズボンはいてればなんでもないと思うんだが、寝間着みてえなの着てるから、裾がバサッとお墓にひっかかったわけしゃ。それわかんねで、寝間着までとおして杭をぶってしまったと。

ぎっちりうごかねえようにさして、立ちあがるべとしたら、立ちあがれね。たまげてや、ごろんとひっくりかえった。
あんまり帰って来《こ》ねから、みんなして行ってみたれば、寝間着の裾に杭さして、そこさまくれったと（倒れていた）。
だがら、こいふな死んだ人のお墓の賭はしるもんでねってことなんだと。（後略）

『童子百物かたり』の話とほとんど同じである。同じようなモチーフを持って、話は語られていくということがわかる。

「四隅《すま》のば様と云事」

夜中に、静かな寺へ行って、四人が四隅に座り、真っ暗な中で、中央に這い寄って、一人ずつの頭を、「一すまのば様、二すまのば様」と数えていくと、自分の頭を入れて五つになると記されている。

この話について、米沢市李山の情野新一氏（ペンネーム・西山大麓、大正八年生まれ）は、「私も十三、四のころ、常慶院に行って友達と遊んだときやってみたものだ。他の人にそういう話をすると、何をバカな、と思うだろうが、本当の話だ」と『月刊おきたま』（一九八二年四月）の「吉田綱富の『童子百物語り』評釈③」に記している。

これと同じような話が、石川純一郎著の『会津館立岩村民俗誌』にも、「四隅探し」として出ている。

夜、真っ暗な部屋に一人ずつ坐って目隠しし、中央に向かって静かに這って行き、頭を撫でると、自分以外に三つしかないはずなのに四つある。不思議な話であるが、これを面白がる。ただし、邪念があるとだめであるという。

また、大島建彦氏は『朝日新聞』（一九七三年九月一日付）の「研究ノート」の欄に「スマタラこい」と題して次のように書かれている。

福島県南会津郡田島町で、たまたま次のような遊びについて伺うことができた。戦前のことであるが、小学生くらいの子が男女の別なく何人か集まると、つぶれ屋敷の土蔵など人気のない暗い所に入って、みなで「スマタラこい、スマタラこい」と呼ぶのである。そのうちに、だれかが「あ出てきた、出てきた」と騒ぐので、みながこわがりながら真ん中に寄ってしまう。三人の方からそのことを伺ったところが、三人ともスマタラは見えなかったけれども、だれかの目にその姿が見えたのであろう、という。スマタラというのは何か、よくわからないが、その名から考えると、山太郎や川太郎などに対して、「隅太郎」に当たるもので、倉の隅の神霊を指すのであろうか。さらに、山形県の米沢地方には、吉田糠山の「童子百物語」という江戸末期の記録があって、隅のばさまについて記されている。（中略）まさに「スマタラこい」と通ずるもので家の隅から現れる神霊とかかわるものであろう。

そしてまた、福島県中通りなどで、地蔵さま、オカマさま、オシンメ様などの神霊をのりつける遊びや、会津の方面のキツネ踊りやイタチ寄せの風や、米沢近郊の山の神の託宣の風も伝えられているので、その類の神霊で、家や倉の中に潜んで、隅の方からあらわれるものではないかとのことである。

常光徹氏が、『学校の怪談』（一九九三年）で紹介した「山小屋の怪」という話との関連で、「隅のば様」にふれている。

「山小屋の怪」は、冬の山で五人の大学生のうち一人が亡くなり、山小屋で亡くなった一人を部屋の中央に置き、四人はそれぞれ四つ角にすわって、眠ると凍え死んでしまうので、寝ないようにと、一人ずつ角から角へ行って次の人の肩をたたいて寝ないようにして、無事に朝を迎えたという筋であるが、よく考えると、四人目の男が一人目の男の肩をたたこうとしても、一人目はすでに次へ動いているので、たたくべき肩がないはずなのに朝まで延々と続いたという話で、ミステリアスな面白味が潜んでいる。現代風の装いを施した話であるが、話の素性はすくなくとも江戸時代末に記された「隅のば様」という怪異譚にまで辿れそうであると述べている。

そして、常光氏は大島建彦氏の「スマタラ来い」の論や野村純一氏の「座敷わらしの供養」の習俗（スマッコ粥）の論を取り上げながら、さまざまに説明している。この近世末の「隅のば様」は、従来の話の主要素を受け継ぎながらも、「山小屋の怪」という今日の若者による新しい構想の現代の怪談として蘇ったとしている。

常光氏の論文を私なりにまとめてしまったが、不備はお許しいただきたい。

泉鏡花の「一寸怪《ちょいとあやし》」（一九〇九年十月）にも似たような話があるので、紹介する。

「膝摩《ひざす》り」といふのは、丑三頃、人が四人で、床の間なしの八畳の座敷の四隅から、各々一人づゝ同時に中央へ出て来て、中央で四人出会つたところで、皆がひつたり坐る。勿論室の内は燈をつけず真黒にして置く。其処でまづ四人の内の一人が次の人の名を呼んで、自分の手を、呼んだ人の膝の上へ置く。呼ばれた人は必ず返事をして、又同じ方法で、次の人の膝へ手を置く。という風にして、段々順を廻すと、丁度其の内に一人返事をしないで坐つて居る人が一人増えるそうで。

以上のように、短い話ながら「隅のば様と云事」には、民俗研究者が目に留める要素がある。（水野道子「すまのばさまは隅の神様―吉田綱富の著書から紹介と雑感②―」『月刊おきたま』一九八三年五月に加筆）

吉田一無に関する話（九・十・二十六）

ここでは、吉田一無《いちむ》について述べたい。吉田一無の話は、「九　吉田一無壮年の時大井田伊兵衛と居合稽古の事」「十　吉田一無若き時狐に誑さるゝ事」「二十六　吉田一無弟の浅間五右衛門を補伏せる事」の中にある。

剣豪として知られた吉田一無は、『米澤市史』（一九四四年）によると、「次左衛門秀序、致仕して一無と称す、梅澤綱俊の門に入りて剣法を修め出藍の誉れあり、逸話甚だ多し、晩年上杉治憲の夜話に召さる、天明二年正月二十九日卒す、享年七十九」とある。

吉田一無は、『童子百物かたり』では、天明四年（一七八四）正月二十九日病死となっているが、『米澤市史』では天明二年（一七八二）に七十九歳で亡くなっているとされている。

一無は同じ猪苗代町で、糠山の縁類にあたる。これは、「七　吉田藤左衛門闇夜にはた物を仕廻ふ事」の中に「右藤左衛門実弟あり。町内同苗同組吉田ㇾ［一無先祖也］名跡ニ遣し、次左衛門と云」とあり、昔、糠山の家から養子にいった者がいることがわかる。また、糠山の姉は、一無の孫に嫁している。現在でも猪苗代町の「上の吉田」（一無の家）、「下の吉田」（糠山の家）という言い方がされている。

「九　吉田一無壮年の時大井田伊兵衛と居合稽古の事」の話は、糠山が一無から直談で若年のとき聞いたとしていて、糠山は存命中の一無を知っている。

武芸の達人として一無は数々の逸話をのこしているが、蘆付け橋《よしつ》で大男の屏風島《びょうぶじま》という力士くずれの追いはぎを一刀のもとに真二つに切ってしまったという話は有名である（『米沢風土記』第一集、米沢市、一九六六年）。

『米澤市史』の「米澤著書略目録」の項に『吉田一夢一代記』写本一冊とあるが、未調査である。

「二十　大木の事」

ここには、池黒村のいわれ、八島壇ノ浦の戦いの話、馬の大夫黒《たいふぐろ》の生まれた屋敷の話、大木を訪ねる話、各地の大木の自慢話などたくさんの話が組み込まれている。

著者が、宮内の籾御蔵《もみおくら》へ出勤した時の間の日に、漆山村《うるしやまむら》の珍蔵寺へ出かけたことが記され、春先の景色が描写されている。池黒村の村長の家で一服するが、そこで、昔、黒馬の名馬大夫黒が生まれたところなので池黒村というのだと聞く。その馬は、佐藤庄司が判官殿に献上して、一ノ谷までお供したということで、八島壇ノ浦の戦いの様子が頁を割いて記されている。

この話は『源平盛衰記』や謡曲の「接待」にあるが、全く同じではない。この大夫黒は、『源平盛衰記』では、「薄墨」という。

本文に「其大夫黒の駒の生まれたる屋敷と申て、今小池有之。夫故池黒村と申由」とある、大夫黒の生まれた池というのをかつて訪ねたことがあるが、ふつうの屋敷にある池という感じであった。そこの家はちょうど留守で話を伺うことができなかった。途中で出会った人から「池から猫のような馬が生まれた。その家の屋号は猫子《ねこご》といって、裏に小さい池がある」と聞いた。

糠山自身が、天明の終わりごろ池黒村の大木を訪れていることは、糠山が若い頃からつけていた日記の中にも、天明七年（一七八七）二月に、「二十八日、天気極上。風吹。阿部に行。七時より三人同道して、漆山珍蔵寺へ行。暮時分もとる。○池黒村山際大木、目通り廻り三丈九尺、さし渡壱丈三尺」と記されている。

『童子百物かたり』では、村長又衛門のところの召使いの案内で、大木を見に出かけ、村長宅から一町ばかり行ったところに、岩のように見えるウツロ（幹の中が腐って空になった木）があり、「この中は、八畳敷ということで、むかしこの中で、夜中に人が集まってばくちを打っていて火事を出して、燃え上がったということだが、ごらんの通り、小枝が数本出てきている。木は欅《けやき》である」という説明をうける。

八畳敷というのであるから、かなり太く大きな木であったと思われる。この木は中が空洞になっていても、天明七年（一七八七）の頃はまだ小枝がでてきているほどの元気さがあったようである。

『童子百物かたり』の話はここまでであるが、しかし、その二十八年後の文化十二年（一八一五）には、その木もなくなって、その跡に「大木大明神」という石塔が建てられている。このことについては、『宮内文化史資料』第五集の佐藤圭芳「池黒村付近の伝説私考」の中で知った。「大木大明神」として次のように記されている。

池黒上の河合輝男氏所有の地に、高さ三尺九寸、巾中間で一尺五寸、自然石に一寸手を加えた石塔が、南面して建っている。表面には大きく、大木大明神、文化十二乙亥七月大明日と陰刻されてある。

昔この地に欅の大木あり、枝々繁茂し約五反歩にまたがり、昼なおうす暗く、主幹下

部ゴラを生し優に五人は入れる穴ありて、博徒よくこの中にて開帳せしという。また
その大木の実、西風に飛び、お羽黒山斜面に自生するけやき、みなこの子孫なりし
（中略）池黒上の古老連は伝う。
如何なる故に伐りしか、失くなりしか、何人が建立したるかは、未だ詳かでないが、
とにかく、稀有の大木の霊を供養するためと伝えられ、高田の佐藤氏にある餅つき臼
は、その枝の二ころ目にて作りしものと謂う。石塔は、百四十八年前の建立。

この資料は、昭和三十八年（一九六三）発行のものであるが、その後、大木の伝承はどうなっているのであろうかと気になり、昭和六十一年（一九八六）に訪ねてみた。記憶もおぼつかないが、そのころのメモが残っており、そこには現在は南陽市になっている池黒の河合家の本家の奥さんに案内していただき、大木大明神の石塔に出逢えたことが記してあった。

大木大明神の石塔は、草むらの中に埋もれるように立っていた。かなり大きいものであり、自然石に彫られた文字もよく読めた。

正式なお祭りはとくにしていないが、手前にあるお釈迦様やここの鎮守様のお祭りのときに、いっしょにお供えなどをしているそうで、言い伝えによれば、欅の大木があったら

大木大明神の石塔
上：昭和61年撮影
下：平成30年撮影

しく、それを伐った草木供養塔だという。その大木は、この辺の欅の元祖だったのではないか、その種がこの辺に広がっていったのではないかということであった。

このとき『宮内文化財』の本を見せていただいた。そこには、「草木供養塔　漆山池黒　河合輝男宅　高さ一六〇cm　巾下部四七cm　厚さ右側一八cm　左側一二cm　大木大明神　文化十二年乙亥七月大明日」とあった。

とにかく、大木はなくなっても、大木の霊を供養する石塔が建てられ、伝承は受け継がれていることを知った。

また、『南陽市史　民俗編』（一九八七年）に、「樹木の霊を供養するため建てた『大木大明神』が池黒にある」と写真入りで紹介されている。南陽市史編さん室に平成三〇年（二〇一八）初夏に電話で問い合わせたところ、現地まで確認に行ってくださり、現存していることが確かめられたので、同年九月、大木大明神の石塔を再訪した。現在は河合輝男家の隣の市川節子さんのところで石塔の世話をしているとのことである。市川さんによると、昔、大木の切り株の上で、大人数で宴会をした話を聞いたことがあるという。

置賜民俗学会会誌『置賜の民俗』第十九号（二〇一二年）で草木塔を特集しているが、ここの一覧表にこの「大木大明神」の名が挙がっていないのは残念である。意味合いは草木塔に変わりはないと思うが、「大明神」という名前のためなのであろうか。

「二十七　火付ばゝの事」

糠山が幼年の時分に、祖父（吉田康敏、一六九〇〜一七七一）に聞いたとして、年月は忘れたが、ある夜、二の丸法音寺より出火して、その時祖父も火消しにかけつけたという。その後、火付けをしたとして法音寺に召し使われていた十三四の野郎が捕まり火罪になった。しかし、その後も火付けは止まずにいたところ、洗濯婆が捕まり、自分がしたことを認めたということが書いてある。

これと同じ話だと思うが、『米沢里人談』下につぎのようにある。

同年（享保四）同月（六月）廿九日、真崎文《（？）》左衛門小僕与四郎火罪。同九年七月六日、放火姥既ニ焼ル、ニ及テ慚悔シテ曰ク、崩年法音寺ヲ放火スル者ハ吾也、与四良憐ムヘシト。冤枉ノ火罪ヲ免サルコト天道是カ非カ。（句読点・括弧は私に施した）

当時は話題になった話なのだろう。

『米沢里人談』は、中村忠雄校註の刊本によると、享和元年（一八〇一）国分威胤（号兜《とう》山《ざん》）の著書であり、兜山は鷹山公時代の文人で、延享三年（一七四六）十月出生、文化六年（一八〇九）四月六十四歳没、『兜山夜話』『見聞録』他の著書を著したという。

「三十　座頭金玉殺さるゝ事」

金玉という座頭が殺される話であるが、これと同じ話が金玉塚にまつわる話として仙台にもあることを三原良吉『仙臺郷土史夜話』で知り、昭和四十七年（一九七二）の秋だったと思うが、仙台の三原氏を訪ね、金玉塚まで案内していただいた。

その金玉塚は、仙台から国道四号線（旧奥州街道）を北へ七北田を過ぎ、大沢という部落に入ると、右側に柳の木のある民家があり、その裏手に金玉神社としてまつられていた。

荒れて傾いた祠であったが、道の下草が刈られていてろうそくも三本ばかり上がっていたので、まだいくらか信仰が残っているようであった。

この仙台の話は、『仙臺郷土史夜話』よりまとめると次のようである。

昔、南部の金玉という盲人が座頭の位をとるため、長年貯めていた虎の子の金を胴巻きにして、京へ旅立った。泊まりを重ねて、大沢にかかり、仙台城へあと二里半という寂しい山路で、追剥に襲われた。金玉は命乞いをしたが、聞きいれられないので、観念し、最後の望みとして追剥の名前を聞き、短い御経を自分の死後唱えてくれるよう頼んで、追剥の刃にかかる。その御経は、「コガネダマ　ダイタクサンデ　セツガイス　ヌシハ　レイボク　ハナハダシイヤツ」というものであった。

仙台の金玉塚（昭和47年撮影）

南部の留守宅では金玉が戻らないので、弟子の一人が探しに旅立った。ある日大沢の一つの家に泊まったところ、寝床に入ってまもなく隣の部屋で、唱えごとを言うのが聞こえた。「コガネダマ（金玉）　ダイタクサンデ（大沢山で）　セツガイス（殺害す）　ヌシハ（犯人は）　レイボク（鈴木） ハナハダシイヤツ（甚八）」と解読して、次の宿場七北田の俟断役宅に訴え出た。甚八は召捕りとなり七北田刑場で磔になった。

村人は金玉を路傍に埋葬し、供養碑を立てて金玉塚と称した。また金玉の霊を祀り旅人の道中安全のため社を建て金玉塚と名づけた。碑は道路改修のとき所在を失したが、社には今も時々盲人が遠方からも参詣に来て杖を奉納する。


金玉が殺された場所がどちらも大沢で共通している。米沢から福島に向かう途中に大沢という地名がある。古川古松軒の『東遊雑記』には、庭坂から大沢宿までは、道中けわしい山路のみで、平地を歩くこともなく、鬼ころばし・座頭ころばしなどといって、昔盲人がこの道をたどって踏みはずし、落ちて谷底まで着く間に浄瑠璃を一段語ったといういわれがあるほどの深い谷だと記している。

米沢には金玉にまつわる塚や神社などはないようだが、大沢に座頭ころばしという深谷があるというのは、この話の場にふさわしい。

唱えごとは、『童子百物かたり』のほうは、「こかねだま　大たくさんで　せつ生す　人は　れいぼく　はなはだのやつ」で、ほんの少し違うところもあるが、ほとんど同じである。この話を糠山はどこから知ったのであろうか。伝承経路を知りたい。

なお、金玉塚のことは、『菅江真澄未刊文献集』二（常民文化研究第六十七、内田武志編）にも、「みちのおく仙台にちかきところに大沢といふさはあり。ちかきころ金玉といふ盲目、みやこへ行とて、こゝなる一ツやにとまる。云々」というように記されている。また、伊達藩の若林友輔（一七九九～一八六七）の「靖亭文集」にも記されていると、三原氏よりうかがった。（吉田道子「金玉塚のいわれ」『西郊民俗』第六十二号、一九七二年に加筆）

「三十五　奥泉平左衛門狐待する事」

ここに、

正月狐待して、或夜狐を煮て、四五人して喰居たるに、窓より狐、面らを出して、「今ふう歟」と云ふ。若イ衆、「オゝ今ふうハ、ワれも煮てふわれる歟」といへバ、狐こそ〳〵逃て往にけり。

とある。この話は私も小さいころ、父（吉田綱夫、大正七年生）から聞かされたことがある。父は、父の祖母（こま、明治二年生）から小さいときに聞かされたそうである。父に語ってもらったその話は次のようである。

むかし、狐が何か悪さをしたので、いぶり出して狐を捕まえたそうだ。その狐は子狐だったそうで、町内の若い衆が南原のあの家（吉田）に集まって、煮て食おうとしていると、トコトコトコトコと家のまわりを何度もまわっている音がするんだ。親狐だったんだろうな。そのうち、その親狐が飛び上がって、雨戸（障子紙貼り）をバリバリッと外からひっかいて、そして破ったそこから中を見とったというんだな。狐を食おうとしていた若い衆が、いっせいにそっちの方に顔を向けたら、親狐が、

「ふうとこか」

と聞いたので、若い衆が、

「今ふうとこだ。われも来てふわれるか」

と言ったら、またバリバリッと破って、狐は逃げていったっていうんだな。

この話は、場所が、語り手が住んでいた家でというふうになって、より話に実感をもたせている。

「ふうとこか」「今ふうとこだ。われも来てふわれるか」のところは、聞き手を引き付ける一番面白いところである。狐は「くう」を「ふう」と言って、「ク」の発音ができない

のだというのである。

狐に言えない発音があるということについて、岩手県の話を集めた森口多里『黄金の馬』（昔話研究資料叢書別巻）の中の、噂話「五五　舟場の狐」の注に、「狐は『マメノコナ』（黄粉）とか、『パピプペポ』とかいう発音は出来ないのだと聞いている」とある。

また、栃木県下都賀郡壬生でも、「狐はクが言えないとか、しゃべるときにフワフワ、フワフワと言うと聞いている」と、どなたかに教えていただいたことがあった。

父の祖母つまり私の曾祖母は、文字が読めなかったそうだが、とても記憶力のよい人で、何でもよく知っていたという。父の話によると、他にも『童子百物かたり』の中にある話をいくつかしてくれたという。だれかに読んでもらって知ったのだろうか、それを自分の語りにしてしまっていたのだと思う。

この話に限らないが、『童子百物かたり』の話は、父の綱夫もほかの人に伝えている。第二次世界大戦後のボルネオの捕虜収容所でのことだと思うが、父が祖母から「百物かたりの話だ」と聞いていた話を部下にしたら、面白いから書いてと言われ、ガリ版刷りをして、みんなの間を回したという。なんの楽しみもなかったので、兵隊さんたちは喜んだと父が生前に話していた。このことは、父の葬儀のときに、かつての戦友の方たちも話しておられた。

丸橋忠弥に関する話（三十六・三十七・三十八）

「三十六　白井西雲か事」「三十七　丸橋忠弥傷寒を煩ふ事」「三十八　白井西雲棒修練の事」には、棒遣いの達人の白井西雲の話に付随して、丸橋忠弥の話が多く語られている。丸橋忠弥という歴史や実録物などの世界で知られた人物と関わりがある白井西雲の話は、当時の米沢の人には興味をもたれただろう。

白井西雲という人物については、この『童子百物かたり』では、「仏躰流兵法の達人、ことに棒遣いの達人」とされている。『米澤市史』の武術の項を調べると、棒術の鹿島流に、白井西雲重上という名が見える。また、縄術には仏體流があり、四代目に白井又漸衛門時房という名がみえる。どちらにも白井という名が見えるのであるが、よくわからない。

この物語の中での白井西雲は、江戸の浪人で、丸橋忠弥の高門弟であり、忠弥が召捕られるときに出奔して米沢に下ったとされる。兵法の達人で棒遣いの名人であったので、藩のお抱えになったといい、桶屋町の東側に屋敷があったということである。

糠山が丸橋忠弥に関する話を取り上げたのは、白井西雲の子孫の白井楽衛門と親しく出入りしていたこと、糠山の母方の曾祖父が西雲の門弟で免許を持っていたことなどによる。そして何より当時は、実録物と呼ばれる読み物の話が人々に浸透していたからだろう。

そう思ったきっかけは、以前吉田家が市立米沢図書館に寄贈した文書の中に、『慶安賊乱記』という書があるのを見つけたことによる。さっそく米沢図書館で閲覧したところ、「上の二」だけしかなかった。

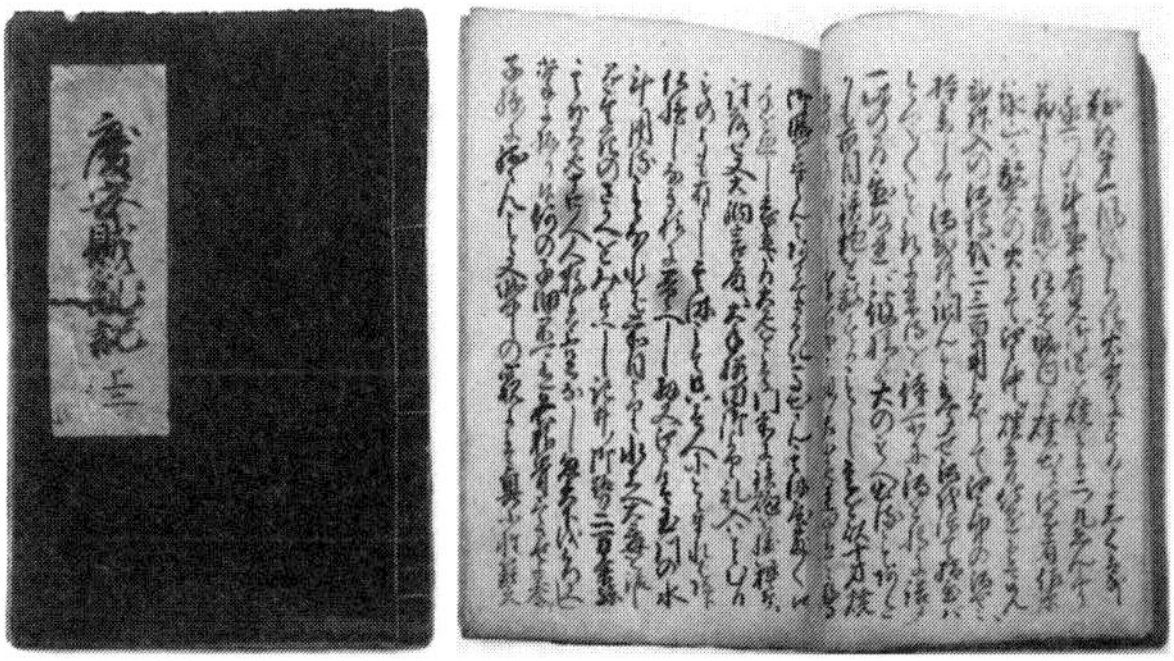

『慶安賊乱記』上の二（市立米沢図書館蔵）

　米沢図書館の話では、米沢各地から寄贈される文書の中に由比正雪や丸橋忠弥らの慶安の変を取り上げた『慶安太平記』が多くみられるとのことである。『国書総目録』で調べてみても、『慶安太平記』はかなりの数がある。当時は、このような話が好まれたと思われ、次々と書写されて、物語も人々の心に残っていったのだろう。『童子百物かたり』「三十七　丸橋忠弥傷寒を煩ふ事」で、忠弥が熱にうかされて口走ったという、

　兼て用意の毒薬三千斤、玉川の水上江流しかけ、煙硝蔵江の差火縄ハ佐原十兵衛、（中略）放天火の仕懸は二升入の樽、三百酒屋中江配り置、酒を入、半日程にして火を吹出す事、宛も百目鉄砲の如く、江

戸中広しといふ共、三百ケ所より一同に焼出る物ならバ

というところは、『慶安賊乱記』上の二の「慶安四年四月廿五日之夜評定の事」にある、

第一風をまち請、火責にするにしくはなし。我一ツの斗事有。先御城を焼には、二ノ丸ゑんしやう蔵にさし火縄を仕懸城内より焼出ス仕懸有。佐原ハ永山か放天の火とて江戸中ヲ焼立ル仕懸には、先弐升入の酒樽を二三百用意して江戸中の酒やニ持参して酒弐升調んと云聞せ、酒代添て指置バ、とや〱と取に来るを待所に、酒を樽に詰メ、一時の間置ぬれバ、彼樽より火のもへ出ること、あたかも百目鉄砲を放すかことし。其を以十方焼立るものならば云々（中略）扨又江戸は玉川の水斗用ることとなれば、前日より水上へ大毒を流し懸、生死のさかへをみすへし。

に当たると思われる。

そのままではないが、『童子百物かたり』も実録物の影響を受けていることは確かだと思う。

「四十　西海枝彦兵衛家ニ二度びつくりの事」

この話は、いちどきに二度びっくりをするという家の話である。炬燵《こたつ》に入ろうとふとんをまくると毛むくじゃらの大きな足と膝がしらに大きな目玉があるのを見て気を失い、次にかけつけた母親に説明すると、「このような脚か」と目玉のある膝頭と毛むくじゃらな脚を見せられ、また気絶するというもので、「こんな顔」や「二度の威嚇」という型で知られる世間話である。

これと同じような話が、『米沢里人談』にある。

西海枝家ニ二度ビツクリト云コトアリ。是ヲ以其家名重キカ如シ。其コトハ彦兵衛ナル者、時シモ十月ノ頃清夜ノ折節夜話ニ出ツ。其帰リニ及テ既ニ子丑ノ刻ニ及フ。然ルニ大入道荘前ノ溝水ノ上ヲ徐歩ス。驚転シテ足駄ヲサライ一鑽ニ宅ニ入、物ヲ云ワス、火燵ニ入。脚ヲ出セハ、長毛ノ生イタル臑ニ当ル。大音ニ叫ビ気絶シテ倒ル。全家□ク騒動シ、燈を取テ行キ、火燵ヲ開テミレハ一物ナシ。其一時ニ二度怪物ニ逢ヲ以、二度ヒツクリト称ス。是即大入道ト見タルハ、土居ニ付テ海老ヲ捕ルモノノ影ヲ溝水ニ移ル也。此海老ヲトル者徐歩して往ケハ、又其影ノ大入道モ水上ヲ徐歩スルカ如ク見ユル也。

又時シモ十月ノコト、手飼ノ猫ソノ寒ニ不堪、快ク火燵ニ入テ眠ル処へ、物ヲモ云ワス足ヲ入。怪物ノ毛臑ト思ヒ、大音ニ叫ヒトウト倒ルニ驚キ、此猫ハ飛テ迯ル也。故ニ火燵ヲ開ケ共一物ナシ。

案ルニ、世上ノ化物ヲ見ル者、多ハ此類也。或ハ病ヲ生シ、死ニ及フ者アリ。狼狽シテ外聞ヲ晒スコトナカレ。

（句読点・改行は私に施した）


この『米沢里人談』の話も炬燵の中の怪物の臑毛《すねげ》に驚くというところは同じだが、同じことで二度びっくりはしていない。近い時刻に違う事柄で立て続けにびっくりしている。『童子百物かたり』では、いちどきに二度同じ怪物に逢うことを二度びっくりといっている。一般に知られている世間話の形は、『童子百物かたり』のほうである。

この二度びっくりの話のほか、「十二　河内勘大夫石仏を切る事」「二十七　火付ばゝの事」の話も、『米沢里人談』に取り上げられている。どれも糠山より二三代前のインパクトの強い事件であって、当時話題になっていたものが伝承されたのであろう。

「四十五　関戸甚六弘法大師を捕ふる事」

この話には、柳田國男が『民間伝承』第十三巻八号（一九四九年）に掲げた、弘法大師が丑年に回国して臼の目を切って歩く「臼の目切り」という民間伝承が見られる。弘法大師が十二年に一度丑年にまわってきて、立ち寄られた家は繁昌するとか、臼に目を切っていく、すり鉢へ目を打っていくなどと、さまざまに近世期には伝承されている。

この「関戸甚六弘法大師を捕ふる事」にも、関戸甚六が、宿とした家で、「当年は丑の年で、弘法様がご参詣ご通行の筋で、すり鉢の目を立ててくださる。不浄の家へは立ち寄らない。お入りになった家々は、悪事災難をのがれ、無病で富貴を授けてくださるという。昨夜は、近所の家にお立ち寄りになられ、大すり鉢にあらあらと目を立ててくださった。今晩は自分の家へ招待したいと、座敷を清めていたのだ」ということが記されている。このときは、関戸甚六が怪しんで、出現した小僧をとらえようとして逃げられる。

この話は、著者が若年の時聞いたとしている。その頃も弘法大師回国の話が、米沢でもされていたようであるが、どの程度広まっていたかはわからない。

小池淳一氏は、「民俗研究における文書の扱い」（『歴史研究と〈総合資料学〉』国立歴史民俗博物館、二〇一八年）で、この話を取り上げ、「丑年に回国する弘法大師の伝承がいささか信頼されなくなっていたことを示すものかもしれないが、前提となる伝承が米沢にもあったことは確認することができる」としている。これら弘法大師の丑年の回国や、作物の豊凶や天候、世相などが記されている一種の預言書ともいわれる「弘法の置文」というものについての研究が、近年なされているとのことである。

「五十 酒呑童子か事」

この酒呑童子の話は、御伽草子などでだれでも知っている話である。この話を糠山は、湯治にいった温泉で、按摩坊に八歳の三男八郎のために語らせるという形で記している。この按摩坊の弥陀都は、「四九 玉石の事」でも語っているが、職業柄物知りで語ることに馴れているのだろう。

語りのなかに、八郎の質問や、弥陀都の答えの会話もさしはさみながら話を進めている。いくつか挙げてみる。

三男八歳の八郎「弥陀一〳〵、イカニ頼光様だて、かぶと百枚御冠りなされたら、天窓がおもくて身いごかしもなるまい、あんまり多クハないか」

弥陀一笑て「ホ、ウ先ツそんな物だ事よ」

八郎「弥陀都〳〵、其門番の鬼共が背負て来た三俵の鬼子ハ、何かよふに成たべ」
弥陀一「ホ、ウされバよ、あまり俵に押詰た程に、途中て大方腐れて、生キて居たのハ終十疋斗、飯粒抔喰せても喰ハずして、四五日にして死んだて、芥川と云川江づぼかしたよ」
八郎、又「童子の首ハ」
弥だ一「ヲ、、夫レハ関白様が御拝領なされて、夫より二条様の三条様の御覧なされ候へとて、あちらへかし、こちらへかし、段々に又借に成て、終行衛なしに成て、をしい事で有たとよ」

このように、話の語り手と聞き手の様子もわかり、また、方言や話言葉の様子もわかって面白い。

この酒呑童子の話のほかに、酒呑童子が生まれたところとして、越後の砂子村のことが記されている。

著者は、文化十年（一八一三）に越後の与板へ出かけ、そのときここを通ったという。

駕籠の者が、酒呑童子の屋敷だと教えてくれたとある。ここには、「童子屋敷」「童子が柿」の伝承や、国上寺の「童子が戻り坂」のことが簡単に記されている。

このときのことは、著者の『綱富一代記』に、

文化（十）年十一月十七日、九郎兵衛殿御達ニ、越後与板三輪九郎右衛門病死ニ付、御尋御使者被仰付、同廿一日出立、無滞相勤、閏十一月十五日帰着致候得し。但、同心壱人、鐺持壱人、小者壱人、上下四人。同心ニ佐藤孫次、鐺持山崎蔀、小者ニ和田名助子留蔵。

とあり、越後の三輪家へお尋ねの使者を仰せ付けられて、同心や鐺持ち等を従えて出かけていることが記されている。その時に砂子村を通りかかり、酒呑童子にまつわる話を聞いたのだと思う。

また曾我兄弟の弟・禅師坊の話も国上寺との関わりから記されている。

酒呑童子の話も禅師坊の話も当時の教養のある階層では、「大江山」「禅師曾我」の謡曲として知られている話であったと思われる。

この「童子屋敷」については、長沼牛翁（天保五年没）の随筆『牛の涎』（四十巻）にも、

酒呑童子にまつわる話として、数か所に出てくるが、同じような内容である。また、曾我兄弟の弟についても触れているところがある。長沼牛翁も酒呑童子にはだいぶ興味があったものと思われる。酒呑童子に関わる箇所を拾い出して次に挙げてみる（「西置賜郡志　資料編　写本者竹田市太郎　西置賜郡社会科研究会」によるものから書き写したものであるが、写し間違いがあるかもしれないことをお断りしておく）。

酒呑童子（正編　第三冊　巻九）
越後の八彦より東の方へ壱里半を隔て砂子塚と云村に童子屋敷ありて草生じたる一箇の屋しきに板札に書付て立てあり此辺かくミという所の□□□と云寺にて学文して後叡山に登りて寺児（チコ）となり其所を追出されて卒には盗賊の張本となりて丹後の大江山に引籠れり酒呑童子是なり酒呑童子とは扨も俗なる文字の居（スイ）よふ哉文法に於ては酒を呑ていふ時は呑酒とこそ書くべけれ酒呑と書する時は酒に呑るゝ童子と読へき法也

酒顛童子（正編　第五冊　巻十四）
酒顛童子政事畧に云大江山中盗賊面を鬼に似て民をくるしむ頼光是を討すと世に云所

は是を附会する哉

童子屋敷（正編　第九冊　巻三十三）
越後蒲原郡砂子塚村に童子屋敷有是大江山酒呑童子か産れし屋敷也童子幼き時同郡九かみ村国聖寺に入て稚児となりて在りし此九かみ村国聖寺は古き寺にて曾我兄弟の弟あり此国聖寺に潜て僧となりしも後顕はれて京師にめされて戮せらるる名をおん房と云し奥州会津に猿丸太夫か生れし屋敷跡あり羽州米沢に佐藤庄司か産れし地有伊賀名張駅に熊坂長範か生し屋敷跡あり

童子屋敷（続編　第十六冊　牛の涎一）
越後蒲原郡すなご塚村に童子屋敷と云明キ地あり　是丹波大江山に石城を築きて住たる酒呑童子の生まれし地也　童子幼き時同郡九かみ村国上寺に入てちごとなりて在しとぞ　此九かみ村国上寺は古き寺にて曾我兄弟の又弟あり　此国上寺にのがれて潜て僧となりしを後あらわれて京師にめされてりくせらる　なをおん房と云し　曾我物語にも出しとぞ　奥州会津に猿丸太夫の生れし屋敷あり　羽州米沢に佐藤庄司の生れし地あり　伊賀名張駅に能坂長範の産し屋敷跡あり

あとがき

この『童子百物かたり』は、我が家に原本が残されていたことから、もう四十年ほど前に私が翻刻し、水野道子編『米沢地方説話集』（伝承文学資料集第九輯、三弥井書店、一九七六年）の中におさめられています。

しかし、なにぶん原文を忠実に翻刻して活字化したため文体も難しく、まわりの人たちから、もっと私たちが読めるわかりやすい本をという声があがっていました。が、当時私は子育てや何やらと忙しく、手をつけることができませんでした。

平成十一年に、私の父・吉田綱夫が、私家版の吉田綱夫訳註『童子百物かたり』を出しました。本文を現代の文に改めて頭注をつけ、自身でワープロ打ちしたものと、関連する地図や写真、それに、原本と翻刻本をコピーしたものをあわせて一冊にして、自分で製本した大作です。

ただこれも、部数は少なく、現代の文にといっても、忠実に訳しているので、難しく思われて、簡単に広くは読んでもらえないという状況でした。

そこで、一念発起して、みんなに読んでもらいたいと、このたび現代語訳にとりかかってみたところです。

ですが、歴史的なことがらや言葉も多く、訳していくうちに、やはり難しくなってしまいます。また、原文の表現や方言の言葉を大事にしたくなって、そのまま使いたくなります。一応言葉の説明や注はつけましたが、読む人には、わずらわしく難しく感じられると思います。

文才があれば、意訳ですばらしい文章ができるのでしょうが、私には、なんともしかたありません。結局、父の訳と大して変わらないかもしれませんが、お許し願いたいと思います。

なお、「吉田綱富の童子百物かたり評釈」として、情野新一氏が、西山大麓のペンネームで、かつて発行されていた米沢のタウン誌『月刊おきたま』の一九八二年一月号〜一九八三年五月号に、十九話ほど取り上げておられたことを付け加えておきます。

いま、米沢には、作者の吉田綱富（糠山）が、享和三年（一八〇三）に建てた家が、茅葺屋根のまま残っています。

『童子百物かたり』を綱富がこの家で書いたのだと思うと、この家が今と当時の世界を結びつけるものなのだと、現代語訳をしながらあらためて感慨深く思いました。

ですが、この町内（猪苗代町）には、もう茅葺屋根の家はほとんどありません。管理のために東京から年に五、六回、一週間から十日の期間で通っていましたが、屋根葺き職人も引退していく中、二百十数年以上経つ古家をどうしようかと悩んできました。

そのような中、平成二十八年、山形県の古民家再生協会に古民家鑑定をしてもらい、買主を捜していただきました。おかげさまで平成二十九年二月、この家をピアニストの福田直樹氏にお譲りすることができました。古いものは大事に、また新しい活用も考えられておられて、すでに母屋でのミニコンサートなども開かれて、地元の方とも親しくされておられます。ご先祖様はびっくりしておられることでしょうが、家が存続することのうれしさと今後が楽しみで、ありがたいことだと思います。

これからも綱富の著書や書留を、皆さまにお伝えしていければと思っています。

最後になりましたが、この作品を訳すにあたり、たくさんの方にご助言やご指導をいただきました。

東京中野区の昔話の調査や西郊民俗談話会などでお世話になった故中島恵子さんには、

私が両親の介護見送り等で、民俗の研究などから十年ほど遠ざかっていたとき、あなたはいつかはやれると励ましていただきました。そして、亡くなられる前に研究会に戻ったことをお知らせすると、大変喜んでくださいましたが、この本をお見せできなかったのが残念です。

日本民話の会の高津美保子さんには、この本の構想や下書きの相談に乗ってもらい、ご助言をいただきました。

出版にあたりましては、小池淳一氏にはご助言とお力添えをいただきました。久野俊彦氏には七月社をご紹介いただき、大変お力添えをいただきました。七月社の西村篤氏には上梓まで大変お世話になりました。

吉田家資料が寄贈されている市立米沢図書館には、閲覧や写真掲載等に関してお取り計らいいただきました。

お世話になりました皆さま、本当にありがとうございました。

最後に、恩師・大島建彦先生に、かつてご指導いただいた『童子百物かたり』の翻刻（『米沢地方説話集』収録）があったからこそと感謝申しあげます。

二〇一九年二月

水野道子

吉田家外観（2013年撮影）
（奥の茅屋根の家は綱富当時のまま、右手前は昭和12年建築の小屋）

吉田家室内（2013年撮影）
（囲炉裏の位置は綱富当時とは変わっている）

[訳者略歴]

水野道子（みずの・みちこ）

1948年　山形県米沢市生まれ（5歳より東京在住）

1966年　東京都立武蔵高等学校卒業

1971年　東洋大学文学部国文学科卒業

日本民俗学会、日本昔話学会、伝承文学研究会、西郊民俗談話会会員

編著

『米沢地方説話集』（伝承文学資料集第九輯、三弥井書店、1976年）

共著・論文など

『中野の昔話・伝説・世間話』（中野区教育委員会、1987年）

『紫波の民話』（小平民話の会編、国土社、1987年）

『小平ちょっと昔』（小平民話の会・小平教育委員会編、1988年）

『国分寺の民俗』3～6（国分寺市教育委員会、1992～1996年）

『国分寺市の民家』（国分寺市教育委員会、1996年）

「鬼の宿」（『西郊民俗研究』94号、1981年／114号、1986年）

「米沢市における小町伝説」（『伝承文学研究』26号、1981年）

「『春色米の花』（翻刻）」（『伝承文学研究』27号、1982年／28号、1983年）

「鉄砲舞の書きとめについて」（『藝能史研究』79号、1982年）

「現代の昔話の伝承者」（『昔話研究と資料』28号、2000年）

「近世における女性用実用書」（大島建彦編『民俗のかたちとこころ』岩田書院、2002年）

「吉田綱富『見聞雑記』にみる正月行事」（『西郊民俗研究』227号、2014年）

「吉田綱富『見聞雑記』にみる盆の行事について」（『西郊民俗研究』237号、2016年）

現代語訳《げんだいごやく》 童子百物《どうじひゃくもの》かたり——東北《とうほく》・米沢《よねざわ》の怪異譚《かいいたん》

2019年3月8日　初版第1刷発行
2019年5月21日　初版第2刷発行

著　者……………………吉田綱富
訳　者……………………水野道子
発行者……………………西村　篤
発行所……………………株式会社七月社
〒182-0015　東京都調布市八雲台2-24-6
電話・FAX　042-455-1385
印刷・製本……………株式会社厚徳社

Printed in Japan　ISBN 978-4-909544-03-2　C0039

七月社の本

近代の記憶——民俗の変容と消滅

◉

野本寛一著

日本が失ってしまったもの

高度経済成長は、日本人の価値観を大きく変え、民俗は変容と衰退を余儀なくされた。

最後の木地師が送った人生、電気がもたらした感動と変化、戦争にまつわる悲しい民俗、山の民俗の象徴ともいえるイロリの消滅など、人びとの記憶に眠るそれらの事象を、褪色と忘却からすくいだし、記録として甦らせる。

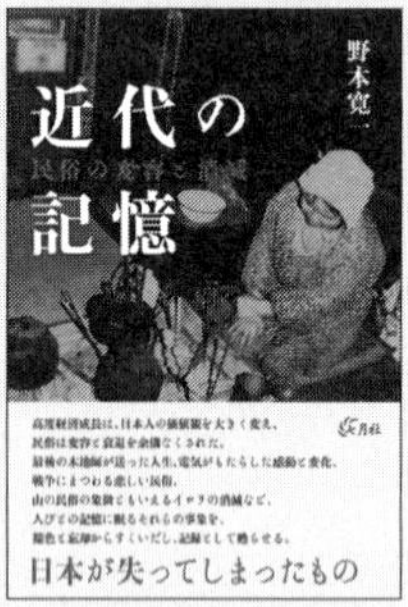

四六判上製／400頁
ISBN 978-4-909544-02-5
本体3400円＋税
2019年1月刊

［主要目次］

七月社の本

琉球王権と太陽の王

◉

吉成直樹著

正史が描く虚構の王たち

舜天王統、英祖王統など、琉球の史書に登場する初期王統は、本当に存在したのか？

そして、琉球の王たちはいつから「太陽の王」になったのか？

進展目覚ましい琉球考古学を主軸に、「おもろさうし」や神話学、遺伝学、民俗学などの成果を動員し、琉球王府の正史に潜む虚構の歴史を照らし出す。琉球史の定説をくつがえす一冊。

四六判上製／320頁
ISBN 978-4-909544-00-1
本体3000円＋税
2018年1月刊

［主要目次］